나이가 익어 가는 지금도
참, 좋네요

나이가 익어 가는 지금도 참, 좋네요
유성자 수필·시 모음

초판 1쇄 발행 2024년 5월 25일

지은이 유성자
펴낸이 이시찬
펴낸곳 도서출판 문학의봄
출판등록 제2009-000010호

교정 정은솔
디자인 이현, 강샛별
편집 강샛별
검수 주경민, 이현
마케팅 김윤길, 정은혜

전화 010-3026-5639
이메일 mbom@daum.net

ISBN 979-11-85135-37-3(03810)
값 15,000원

- 이 책의 판권은 지은이에게 있습니다.
- 이 책 내용의 전부 또는 일부를 재사용하려면 반드시 지은이의 서면 동의를 받아야 합니다.
- 잘못된 책은 구입하신 곳에서 바꾸어 드립니다.

나이가 익어 가는 지금도
참, 좋네요

유성자 수필·시 모음

책을 펴내며

　꿈을 싣고 떠난 기차가 먼 여로를 달려온 지 어느덧 12년이 되었다.

　긴 시간이었다. 그러나 돌이켜 보니 세월의 흐름은 참 빠르기도 하다.

　한때는, 작가라는 화려한 장신구를 달고 지내던 그 시간이 그냥 좋았었다.

　그것도 잠시, 그 크기와 무게가 그만 제자리를 맴돌게 했다.

　글쓰기에 무기력하고 나아가지 못하며 제자리걸음을 할 때 나를 지지해 주고 토닥여 준 『문학의봄』.

　『문학의봄』이 있었기에 이만큼 성장할 수 있었고 그만큼 행복했다고 생각한다.

나와 함께했던 가족, 이웃의 모습과 내가 살아온 이야기, 살아가고 있는 이야기를 조각조각 모아서 작품집 『나이가 익어 가는 지금도 참, 좋네요』 한 그릇에 담는다.

한자리에 모아 놓고 보니 내 모든 삶의 이면이 다 드러난 것 같아 쑥스럽다. 하지만 오래전의 나 자신과 다시 만날 수 있는 시간이기도 해서 좋다.

그동안 건강한 영혼으로 잘 지내 온 나 자신을 응원하며 이제는 소중한 보람으로 여기기로 했다.

더구나 올해는 늦은 나이임에도 사이버대학에서 상담심리학을 공부하게 되었다.

오랜만에 공부를 하려니까 걱정도 앞서지만 한편으로는 설레는 마음이다. 새로운 도전에 대한 기쁨도 대기 중이다.

오랜 시간 기다린 만큼 『나이가 익어 가는 지금도 참, 좋네요』는 독자에게 잠시라도 휴식의 시간이기를 바라본다.

2024년 5월 유성자

목차

책을 펴내며   5

제1부 수필

[1] 초보 할머니 놀이

101 - 두 번의 생일	16
102 - 라오스 여행기	22
103 - 아내 면허증	32
104 - 어설픈 태백산 등정기	41
105 - 잊힌 부모님 기념일	47
106 - 청산도를 만나다	51
107 - 초보 할머니 놀이	55

[2] '손 없는 날' 실수

201 - 김을 구우며	64
202 - 노각(老脚)	73
203 - 더덕	76
204 - 명란(明卵)젓 담그기	80

205 - 뮤지컬 보러 가던 날	84
206 - 믿음으로 보낸 하루	92
207 - 바람	97
208 - 반려동물	103
209 - '손 없는 날' 실수	108
210 - 쌀뜨물	116
211 - 연주회를 다니며	119
212 - 퇴근길에	125
213 - 휴일 풍경	132

[3] 나이가 익어 가는 지금도 참, 좋네요

301 - 고백하지 못한 비밀	140
302 - 나이가 익어 가는 지금도 참, 좋네요	145
303 - 내 인생 후반을 바꾼 하나의 시	149
304 - 동년배 운동회	152
305 - 목소리	157
306 - 배려가 불편한 세상	163
307 - 새로운 발견	170
308 - 젊은 날을 추억하며	175
309 - 타임머신	181
310 - 어머님 떠난 자리	189

제2부 시

[4] 선잠 사이로

401 - 12월	202
402 - 가을이 떠난 자리	203
403 - 성못길	205
404 - 아버님 간병 일기 1	207
405 - 아버님 간병 일기 2	209
406 - 아버님 간병 일기 3	210
407 - 아버님 간병 일기 4	212
408 - 노점상 할머니	214
409 - 선잠 사이로	215
410 - 암(癌)	217

[5] 감정의 이정표

501 - 오후	220
502 - 지금 우리 이웃엔	221
503 - 감정의 이정표	223
504 - 꿈에서 깨어나	224
505 - 무지개	226
506 - 봄이 오는 길	227
507 - 세월을 느끼며	228
508 - 시들지 않는 마음	230
509 - 유년의 조각 기억	231
510 - 재회	233

제1부
수필

[1] 초보 할머니 놀이

101 - 두 번의 생일

 적지 않은 나이가 되어서도 내 일터가 있다는 자부심에 나는 하루하루가 감사하다. 집에서부터 직장까지의 출근길이 1시간 이상 걸리는 먼 길이어도 날마다 여행 가듯 즐거운 마음으로 집을 나선다. 남편이 정성스레 담아 준 USB에는 종일 운전하면서 틀어도 내가 좋아하는 음악이 마르지 않아서 노래는 내 옆지기 같은 든든한 동반자가 되어 준다.

 집을 나서서 회사까지 도착하려면 지체와 정체가 수없이 거듭된다. 시외 경계를 지나고 나서야 조금씩 차량 호흡이 편해진다. 늘 정체되는 교통 흐름에 익숙하다 보니 이따금 연속해서 이어지는 푸른 신호등마저도 소소하지만 확실한 행복이 된다.

 평범한 여느 일상과 다름없이 노래를 가득 싣고 출

근하는 길이었다. 집을 나선 지 20여 분 지났을 무렵 뜻밖에도 어머님의 전화가 걸려 왔다. 보통은 내가 안부 전화를 드리는 편이어서 어머님이 전화하시는 일은 거의 없었다. 이렇게 이른 아침 어머님의 이름표를 단 전화가 걸려 오자 두근거리는 마음으로 받았다. '생일 축하합니다, 생일 축하합니다, 생일을 축하합니다.'로 끝나는 노래를 어머님께서 끝까지 불러 주신다. 다름 아닌 며느리 생일을 축하해 주시기 위한 전화였다.

미역국은 먹었는지 오늘 내가 가서 맛있는 거 사 줄까 하신다. "네 어머님 감사합니다."라고 인사를 드리며 살짝 당황했던 것은 사실 오늘은 생일이 아니었기 때문이다. 노래까지 불러 주신 어머님께 오늘이 아니고 다음 주라고 굳이 말씀드릴 필요는 없다는 생각에 나는 오늘이 생일인 것처럼 감사함을 전해 드렸다.

지금의 어머님은 내게 새 시어머님이시다. 내가 결혼한 지 11년이 되던 해에 시어머님께서 병환으로 세상을 떠나셨다. 그때 연세가 예순이던 아버님은 어머님이 돌아가시고 2년이 지난 후 친척분의 소개로 새로운 만남을 시작하셨다. 아버님께서 우리에게 새어머님을 처음 소개하시던 날 새롭게 어머님 되실 분을 만난다는 생각에 작은 경계심이 일기도 했다. 흔히 오가며 듣던, 부모의 재혼 이후 겪어야 하는 새 가족과의 불편한 이야기를 무시할 수는 없었다. 물론 아버님의 행복이 우선이었다. 그래도 우리 모두 부담스러운 자리였음을 부인하지 않는다.

 가끔 한 번씩 오래전 그날의 기억이 떠오를 때면 아직도 어머님께 부끄럽고 죄송한 마음이 든다. 그토록 낯설고 불편하게 생각했던 것과 달리 어머님과 우리는 금세 가까워질 수 있었다. 어머님은 한없이 지혜롭고 사랑이 많은 분이셨고, 당신 슬하에 자녀가 없는 분이셨다. 그것은 어쩌면 우리 가족과 쉽게 하나가 될 수 있었던 또 다른 장점이었는지도 모른다는 생각이 든다.

 그렇게 시작해 함께한 긴 세월 어머님은 언제나 한결같이 내 생일을 기억해 주셨다. 어느 해엔 보약을 지어 보내 주시기도 했다.

어머님, 아버님께서 부산에 살고 계셨던 때였다. 그 해 내 생일날이 다가올 즈음 미리 전화를 주셔서 친구 몇몇을 초대하라고 하신 어머님께서 부산에서 싱싱한 회를 잔뜩 떠 가지고 올라오셨다. 친구들은 아직도 그 날 함께했던 나의 특별한 생일을 잊을 수 없는 날로 기억하곤 한다. 놀랐던 것은 그 먼 길을 오면서도 그 날 저녁에 내려가시려고 왕복 기차표를 예매해서 오셨던 일이다. 그 밤에 부산까지 내려가시다니, 염치도 없고 죄송하고 송구스러웠던 마음이 내내 함께했다.

그랬던 기억이 잊히지 않고 있던 이듬해였다. 어머님께서 내 생일날이 다가오자 또 뭐 좀 해 줄까 하시며 먼 길 오신다고 전화를 하셨다. 주무시고 가면 다행인데 당일로 먼 길을 오가신다는 게 너무 염치없다는 생각이 들었다. 젊은 사람 생일이 뭐라고 어머님께서 먼 길 고생하시나 하는 송구한 마음에 "어머님, 아니에요. 오시지 마세요. 어머님 너무 힘드시고 제가 너무 죄송해서요."라고 말씀드렸다.

극구 사양했던 것은 내 진실한 마음이었다는 걸 아

마도 어머님께선 잘 알고 계시리라 믿어 의심치 않는다. 그때 어머님과의 전화를 막 끊었는데 옆에서 듣고 있던 초등학교 저학년이던 아들이 뼈 있는 한마디를 했다. "아니, 왜 할머니 오신다는데 못 오시게 해?"라며 "나도 나중에 우리 집에 엄마가 온다고 하면 오지 말라고 할 거야." 하고 놀라운 말을 하는 것이었다.

나는 뜻밖의 아들 말에 적잖이 놀랐다. 내 진심은 그게 아니었기에 엄마가 할머니께 그렇게 말씀드린 것은 그저 죄송했기 때문이라는 걸, 거절이 아닌 정중한 사양이었음을 넉넉히 설명했었다. 그럼에도 나는 아들에게서 "엄마가 할머니 오시지 말라고 했잖아요."라는 불편한 소리를 오래도록 들어야만 했다.

요즘 위암 진단을 받으신 아버님 곁에서 어머님의 견디기 힘든 무게를 덜어 드리지 못해 죄송하고 마음이 무겁다. "별일 없으시죠?" 하고 안부 전화를 드리면 우리는 잘 지내니 걱정하지 말라고 하시는 어머님의 목소리는 언제나 밝고 정겹다. 마음으로만 하는 선물이 싫다는 요즘 세상에 마음이면 된다고 늘 감싸 주시며 내게 힘이 되어 주시는 어머님께 나는 늘 부족한 며느리다.

 이제 새해가 되면 나도 며느리를 맞이한다. 기대도 되고 설레기도 하지만 내가 어머님께 받은 사랑만큼 나도 내 며느리에게 좋은 어머니였으면 좋겠다. 이렇게 미리 축하금까지 보내 주신 어머님 덕분에 올해도 두 번의 생일을 보내게 되었다. 나는 오늘부터 또 한 번 호사스러운 생일 주간을 보내게 된 셈이다.

102 - 라오스 여행기

 우리가 라오스에 갈 수 있었던 가장 큰 조건은 금요일에 출발하는 여정이라는 장점이었다. 직장을 다니고 있는 나와 친구는 주말을 포함해서 떠나는 상품이라서 우선 가능했고, 언제 어디로든 떠날 수 있도록 함께 적립해 놓은 여행 경비도 있던 터라서 결정이 더욱 쉬웠다.

 여행의 맛과 멋은 여행 날짜가 결정된 바로 그날부터 시작된다. 사실 여행이 끝나고 나면 왠지 모를 허탈함이 밀려오곤 한다. 그래서 여행을 기다리는 설레는 시간은 큰 기쁨이다. 라오스로 여행을 간다는 이야기를 들은 몇몇은 그곳 지역이 낙후되었다던데, 우리나라의 70년대 수준이라던데… 하면서 하필이면 왜 거기에 가느냐고 의아해하기도 했다. 누가 뭐라 해도 그런 말은 스쳐 들어도 되는 이야기일 뿐이다. 여행은 장소도 중요하지만, 누구와 함께하는 것에 더 큰 의미를 두는 게 우리였다. 그랬기에 더욱 즐거운 출발을 할 수 있었다.

 늦은 밤 비엔티안 왓따이 공항에 도착하니 훅 다가오는 무덥고 습한 열대 공기가 비로소 여행이 시작됐음을 실감케 했다. 공항에는 우리 일행이 이용할 교통수단으로 대형 고급 리무진이 대기하고 있었다. 왠지 귀한 대접을 받는 듯한 느낌에 라오스 첫인상은 일단 100점이다. 숙소로 마련된 호텔 로비에 도착하니 김밥과 과일을 나눠 준다. 아마도 저녁 기내식이 제공되지 않은 비행이었던 터라 여행사에서 그런 일정을 배려하는 차원인 듯했다. 라오스에서 맛보는 김밥이라니 그 맛이 새롭고, 일품이다. 기온과 습도는 높았지만, 모두 행복 지수를 끌어올리며 라오스의 첫 밤을 맞이했다.

 이튿날 아침이 되니 전날 늦게 도착하는 바람에 보지 못했던 호텔 주변의 아름다운 경치가 눈에 띄었다. 아침을 먹고 첫 일정으로 찾은 곳은 비엔티안 '왓 씨사켓 사원'이다. 사원 입구에 막 들어서니 놀랍게도 탑을 세워 만든 납골당이 나란히 서 있었다. 사원 안에 납골당을 세운 사람들은 아마도 부유한 사람들이었거나 왕족이었을 것이라는 친절한 가이드의 안내를 들으면서도 사원 안에 일반인 납골당이 있다는 것이 무엇보다 놀라웠다.

6,400여 개의 불상이 있는 '왓 씨사켓 박물관'에서는 머리가 잘려 나간 불상과 눈이 빠진 불상도 있었다. 태국으로부터 지배받았을 당시 보석으로 만든 눈을 약탈당했다는데, 박물관은 그 모습 그대로 보관하고 있었다. 과거를 잊지 않고 기억하게 하려는 의도가 역력한 박물관에 머물면서 그 전쟁의 참혹함에 문득 우리나라의 아픈 역사가 떠오르기도 했다.

'왓 씨사켓'에서 나온 우리는 소금 마을로 갔다. 소금 마을은 우리나라 〈극한직업〉이라는 방송 프로그램에 소개된 곳이다. 라오스는 중국과 베트남, 캄보디아로 둘러싸인 내륙에 속해서 바다가 없다. 바다 없는 나라에서 2백 미터 지하 암반수를 올려 햇빛과 화덕을 이용해 정제염(精製鹽)을 만들고 있었다. 과거의 기억은 현재 상황에 따라서 달라지기 마련이지만 바다 없는 나라 라오스에서 만난 소금 마을은 너무나 편리하게 소금을 얻는 우리 일상생활을 미안하게 만들었다.

 다음으로 우리가 간 곳은 '메콩강'이다. 메콩강은 라오스와 캄보디아, 베트남을 지나 남중국해로 흘러간다고 한다. 배에 오르니 유람선의 규모가 제법이다. 선상에는 이미 점심이 준비되어 있고 노래방 기계에서는 우리나라 풍경이라고 여겨도 될 듯한 흥겨운 노래가 흘러나왔다. 음식도 우리 입맛에 잘 맞도록 상차림이 되어 있었다. 서서히 움직이는 배 위에서 아름다운 자연경관을 보며 여유로운 점심을 즐길 수 있어서 참 좋았다. 메콩강의 강바람을 맞으며 눈과 귀를 함께 호강시키던 선상 식사는 지금도 잊지 못할 추억으로 남아있다.

 수려한 풍경 속에서 흡족한 식사를 끝낸 우리는 '방비엥'으로 출발했다. 심하게 구부러진 높은 지형을 그대로 유지한 채 만들어진 도로 사정이 매우 열악했다. 소 떼도 많다. 불편함이 따르지만 정겹긴 하다. 어느 지점에 다다르니, 마치 대관령과 흡사한 지형도 보였다. 늦은 저녁에야 방 비엥에 도착했다. 주변 경관을 둘러보지 못한 채 잠자리에 들었던 우리는 비현실적으로 아름다운 이국 풍경의 아침을 맞이한다. 강을 앞세운 바위산 허리에는 환상적인 운무가 머물러 있고 황홀한 풍경에 흥분된 마음은 행복감으로 동요되기 시작했다.

최소한의 도구로 최대한의 자연 혜택을 받는 곳, 그런 장소가 바로 방 비엥이다. 차들이 다니는 거리에도 한가롭게 쉬고 있는 소들이 보였다. 자동차가 멈춰 서야 하고 그들을 피해서 돌아가야 한다. 신호등은 찾아보기 힘들 정도로 없는데도 모두 평화롭게 길을 오간다. 방 비엥에서의 첫 일정은 액티비티로 시작했다. 첫 번째 우리가 마주한 것은 바로 집라인이다. 예전에 가평 남이섬에서 강을 가로지르는 집라인을 볼 때만 해도 그저 젊은이들의 놀이일 따름이라고 생각했었다. 적어도 라오스에 가기 전까지의 생각은 변함이 없었다.

걱정과 두려움을 앞세우고 생애 처음 집라인을 탔다. 첫 코스는 멋모르고 탔고 다음 코스부터는 재미를 알고 탔다. 이어지는 계곡의 숲 사이를 가로지르던 집라인의 묘미가 금세 짜릿한 재미와 기다림으로 이어졌다. 1단계 2단계… 코스의 단계가 높아질수록 흥미가 점점 더해진다. 이렇게 많은 나이가 되어서도 액티비티를 즐길 수 있었던 것은 아마도 그 기회가 라오스 여행이었던 덕분일 것이다. 여행에서의 즐거움을 두 배로 올려놓았다고 해도 과언은 아닐 듯하다. 해 질 무렵 쏭강에는 롱테일 보트 행렬이 강을 갈랐다.

병풍처럼 펼쳐진 산수의 모습이 마치 중국의 계림을 닮았다고 하여 '소(小) 계림'이라고 불리는 곳이다. 보트에서 울리는 소음마저도 멋진 음향이고 수려한 자연경관이 행복 수은주를 수직으로 상승시킨다. 우기가 가까워져서 우산과 우비를 준비해 갔지만 낮에는 비가 내리지 않았다. 다행스럽게도 3일 내내 모든 일정을 끝내고 숙소로 돌아온 저녁 무렵에야 비가 내리곤 했기 때문에 우리 일정에 불편함은 없었다. 밤새 내린 비로 아침에 만나는 쏭강의 강물은 흙탕물이 되어 있었다. 라오스에는 체험할 수 있는 놀이가 다양하다. 그래서 흔히 레저 천국이라고도 불리나 보다. 그 외에도 카약과 모험심을 자극하던 버기카가 있다. 방 비엥에는 비포장도로가 많아서 그중에서도 버기카 투어가 많은 이들로부터 사랑받는다.

버기카는 차바퀴가 크고 무게를 줄이기 위해 뼈대만 있지만, 차체가 바닥에 닿을 듯이 낮아서 안전하다. 흙탕물도 튀기고 계곡의 물도 건너야 하므로 온몸으로 자연을 만나는 액티비티 중 하나다. 그곳에는 트럭을 개조해서 만든 툭툭이가 이동 수단이다. 마치 그 모습은 예전에 우리 농촌에서 자주 보던 경운기를 연상시킨다. 집라인, 카약, 버기카, 롱테일 보트 등 온종일 놀이를 즐기고 난 뒤 찾아간 곳은 방 비엥에 있는 '블루라군'이라는 곳이다.

그곳도 우기에는 흙탕물이 된다는데, 우리가 갔을 때는 물 색깔이 에메랄드빛이었다. 물 위에 다이빙하기 좋은 구조로 굵은 나무가 놓여 있다. 젊은이들이 줄지어 다이빙하는 모습을 보며 넉넉하게 준비된 망고의 달콤함에 빠져든다. 하루 일정의 마지막 코스는 마사지를 받는 순서였다. 여린 소녀들의 고된 손으로 마사지를 받으니 미안함과 고마움이 공존한다. 그들만의 살아가는 방식이라고 생각하며 하루의 피로를 푸는 일도 큰 즐거움이 되었다.

 숙소로 돌아왔다. 놀랍게도 우리 방 천장에 도마뱀이 있었다. 식당에서도 숙소 로비 벽에서도 흔히 볼 수 있지만, 방에서 도마뱀을 만나는 것은 그리 유쾌하지 않았다. 동남아에 가서 도마뱀이 들어오고 도마뱀을 보는 것은 행운이라는 말이 있다. 아마도 그 말은 놀라지 않도록 하기 위한 배려에서 지어낸 것이 아닐까 한다. 아무리 청정지역에만 있다는 도마뱀이지만 도마뱀과의 동침은 두려움이 컸다. 자는 동안 얼굴로 떨어질까 무서워서 잠을 잘 수가 없었다. 그날 밤 끝내 옆 친구의 양보로 결국 침대 위치를 바꾸어 잠을 잤던 기억도 재미있는 라오스의 추억 한 조각이다.

 드디어 라오스 여행 마지막 일정의 날이 밝았다. 우리 일행은 방 비엥을 떠나 비엔티안으로 돌아왔다. 다시 만난 비엔티안에서 저무는 석양에도 사라지지 않는 황금색으로 뒤덮인 '탓 루앙' 사원으로 갔다. '탓'은 탑을 '루앙'은 위대함을 뜻한다. 위대한 탑 탓 루앙 사원은 라오스의 대표적 불교 건물이며 라오스 지폐에도 나와 있는 이미지 명소이자 라오스 국민이 가장 사랑하는 사원이기도 하다. 온통 황금빛으로 되어 있는 사원 경내는 우선 면적이 광대했다. 더위에 지친 우리는 햇살을 피해 그늘로 쉼터를 찾아다녔다. 더위만 아니었다면 아름다운 건축물도 더 감상할 수 있었을 텐데, 하는 아쉬움이 남는 탓 루앙 사원 관람이었다.

일정의 마지막 코스는 '빠뚜싸이(승리의 문)'다. 빠뚜싸이는 프랑스로부터의 독립을 기념하기 위해 1958년에 개선문을 본떠 만든 7층 높이의 건축물이다. 야간에 보았기에 화려함이 더했을 빠뚜싸이 길 건너에는 라오스 수상의 집무실과 라오스 법무부 건물도 보인다. 주변은 모두 공원으로 되어 있어 국내외 관광객이 많이 찾는 곳이라고 한다. 우리는 한 장면이라도 더 추억에 남기려는 생각에 기념사진을 찍고 또 찍으며 빠뚜사이 구경을 끝으로 라오스에서의 모든 일정을 마쳤다.

오래도록 즐거운 추억으로 계속 소환될 라오스 여행이었다. 아쉬움도 없지 않지만 많은 시간 행복했다. 소박함과 정겨움이 묻어나고 따뜻한 미소와 순수함이 가득했던 라오스. 다음에도 기회가 주어진다면 다시 가고 싶은 여행지 중 하나가 바로 라오스다.

103 - 아내 면허증

세상에는 여러 종류의 자격증과 면허증이 있지만, 나에겐 아내라는 이름의 특별한 면허증이 있다. 딱히 언제부터라고 말할 수는 없으나 기대와 바람보다는 포기와 양보로 만들어진 것이다. 아내 면허증을 취득하는 데 필요한 기술은 오래전에 갖게 된 것도 있고, 최근에 새롭게 익힌 것도 있어서 그 종류도 다양하다.

기대하지 않고 마음 비우기 1급, 혼자서 시간 보내고 만족하며 지내기 1급, 남편이 결정하면 따라 주기 1급, 귀가 시간이 늦더라도 보채지 않기 1급, 멀리 여행을 간다고 해도 마음 편하게 보내 주기 1급, 속상하거나 우울할 때 마음 조절하기 1급과 거기에 아내의 필수 조건 애교는 10단이다. 이 모든 것은 결혼 생활을 하면서 지금처럼 긍정적인 내가 될 수 있도록 도움을 주었던 보물 상자라고 생각한다.

가끔은 어떻게 면허증을 땄을까, 의심스럽도록 자격 미달의 실력이 나오기도 한다. 그래도 합격선은 통과했기에 아내로 살면서 별다른 잡음이 없었지 싶다. 그것은 커다란 선물이었으며, 만나는 모든 것을 긍정적으로 받아들이면 또 다른 기쁨을 맛볼 수 있다는 걸 알게 해 주는 자격증이었다.

올해로 결혼한 지 어느덧 30년이 되었다. 22살 이른 나이에 빠른 결혼을 하게 된 결정적인 동기는 친정아버지께서 환갑이 지난 그 이듬해 깊은 병환으로 몸져누우신 사정 때문이었다. 아버지 살아생전에 막내딸을 결혼시켜야 한다는 가족들의 바람에 따라 지금의 남편을 만나게 되었다. 남편은 막내 오빠와 중학교 때부터 친구였고 오래전부터 우리 집에서도 잘 알고 지낸 사람이었다.

그래서인지 몰라도 연인으로 가는 특별한 설레는 감정도 없이 저 사람이라면 나를 고생시키지는 않겠다는 생각만으로 결혼하게 되었다. 우리는 시할머님까지 계시는 종갓집에서 신접살림을 시작했다. 지금 생각해 봐도 나에겐 흔히들 말하는, '신혼의 단꿈'을 즐기는 여유로운 시간은 없었다.

기대나 변화에 대해 깊이 생각해 보지도 않고 진행한 결혼이었다. 결혼과 동시에 바로 깨달은 것은 너무나 다른 세계가 나를 기다리고 있다는 것이었다. 그나마 다행인 것은, 온순하고 긍정적인 사고를 지닌 타고난 성품 덕분으로 어른들과의 생활 자체를 부정적으로 여기며 살지는 않았다.

지금까지 누려 왔던 자유는 사라지고 불편함이 따라왔다. 심지어 부당한 일이 있더라도 참아야 했다. 수없이 많은 시간을 기다림으로 채워야만 했다. 시어른들께서 젊은 날 고생하신 덕에 경제적으로 어려움은 없었지만, 시할머님까지 계신 종갓집 생활을 해야 하는 어린 새댁에게는 많은 슬기와 지혜가 필요했다.

어른들과 함께 생활하다 보니 친구들과의 모임 때문에 바깥출입을 해야 하거나 친정에라도 다녀와야 할 때면 마음속으로 수십 번을 망설이다가 겨우 허락을 받곤 했다. 외출 한 번 하기가 그땐 왜 그렇게 어렵고 불편했었는지 모르겠다. 지금 생각해 보면 시어른들께선 내가 그렇게 불편해한다는 생각은 못 하셨을 것 같다는 느낌이 든다.

남편과 다툼이 있어도 어른들 앞에서는 아무 일도 없는 듯 내색 한 번 못 하고 지냈다. 서로 다른 환경에서 자라서인지 각자의 사고방식이 맞지 않아서 결혼 초기 생활은 어긋남의 연속이었다. 친정에서 8남매의 막내였던 나는 때로 그릇된 욕심을 부렸어도, 부족함이 넘쳐흘러도 모든 것이 용서되고 통과되던 귀염둥이였다. 막내란 행운을 달고 살았던 나는 경쟁할 수 없는 가족 서열 1순위에서 결혼 이후 하루아침에 신분이 하락한 느낌이 들었다.

오랜 전통처럼 이어지던, 시할머니와 시어머니 사이 고부간의 갈등을 봤다. 항상 작은 것에서 비롯되던 어머님과 아버님 사이의 잦은 불화를 보고 들으며 교과서 지침 같은 살아 있는 지혜의 삶을 익혔는지도 모른다. 그토록 불편한 마음으로 일상을 견디는 가운데 어려움은 늘 나의 몫이었다. 결혼 전이나 결혼 후에 아무것도 달라진 것 없는 남편은 오히려 아내라는 보너스를 받은 덕에 더욱 편리해진 생활로 나날이 윤택해지는 듯했다.

 남편에겐 결혼 전부터 사진 찍는 취미가 있었다. 모임도 많고 주말이면 늘 나를 혼자 두고 사진 동아리 사람들과 많은 시간을 보냈다. 날마다 외톨이가 된 것 같은 느낌 속에 그저 견디는 수밖에 도리가 없는 지루한 기다림의 연속이었다. 어쩌면 어른들과 생활을 함께했기 때문에 주장이 있어도 내세우지 못하고 속으로 참을 수밖에 없는 날이 더 많았을 것이다. 그땐 나이가 어렸기 때문인지 그런 나날을 당연한 것처럼 여겼었다. 그런 생활을 보상이라도 받듯, 세상을 다 얻은 듯한 느낌을 받은 시절은 바로 딸아이가 태어났을 때였다.

 무료하고 지루했던 나의 관심을 모두 쏟을 수 있는 아기와의 시간은 무제한의 기쁨과 즐거움 그 자체였다. 그 무엇으로도 대신할 수 없었다. 그때부터 나는 아내에서 엄마의 위치로 자리바꿈을 했다. 남편의 심한 바깥 활동에 대해서도 너그러워졌다. 그 무렵 남편한테 다소 소홀했던 것도 당연한 변화였을 것이다. 어느 날은 남편이 혼자서 여행을 가고 싶다며 조르고 보채더니 드디어 추석 연휴 끝과 주말을 이용하여 혼자서 가을 여행을 떠났다.

어딘가로 훌쩍 가 버리고 싶었던 많은 날에도 얽매인 생활 때문에 행동할 수 없었던 나를 대비해 보며, 간다고 말만 하면 언제든 떠날 수 있는 그 사람이 부러웠다. 홀로 떠난 남편의 여행이 자유와 해방이 아닌, 가족의 소중함을 더욱더 느끼고 돌아왔으면 하는 바람과 기대만큼 아름다운 영상도 가득 담아서 돌아오기를 기도했다.

오늘은 시간마다 전달되는 뉴스와 조간신문에 부부간에 서로 믿지 못해서 일어난 끔찍한 사건이 톱뉴스를 장식하고 있다. 안타까운 뉴스를 접하며 사랑이란 이름으로 나에게도 일어난 지난날 지혜롭지 못했던 사건이 떠올랐다. 수시로 다녀온 사진 촬영 무더기에서 어느 날 한 여인이 남편의 외투를 입고 여러 각도의 모습으로 찍은 사진이 발견되었다. 핸드폰이 없었던 그 시절, 한번은 자정이 막 지났는데 다정한 연인을 부르듯이 그를 찾으며 당당하게 바꿔 달라는 여인의 전화가 걸려 와서 한바탕 소란이 났었던 기억이 떠올랐다.

그의 평상시 생활 태도나 철학을 보더라도 가정을 등한시하진 않을 거라는 믿음이 늘 뇌리에 있었다. 우리에게도 이런 일이 일어날 수 있구나 하는 생각이 들었을 때 미움보다는 서운함이 더 컸다. 왜 사람은 결혼하면 서로의 소유물인 양 자유가 없어져야 할까 하는 생각도 하지만, 그것은 구속이라기보다도 서로를 존중해야 하기 때문일 것이다. 그에게도 이성 친구가 있을 수 있고 다른 여인이 그를 좋아할 수도 있을 텐데…. 생각은 그랬지만 그걸 현실로 받아들이기엔 한계가 있다는 걸 느낄 수 있었다.

남편의 타고난 성격도 있고 경상도 특유의 무뚝뚝함도 있어서인지 마음은 있지만 쑥스러워 표현을 못 한다는 것을 나는 너무나 잘 안다. 가끔 서운한 일이 있어서 투정이라도 하면, 느끼고 생각하면 되지 꼭 말해야 아느냐는 것이 남편의 답변이다. 작더라도 표현을 받고 싶은 나에게 자꾸만 되풀이되어 닥치는 갈등 속에서 나는 결국 그를 바꾸려 들기보다 내가 변하는 게 더 현명하다는 걸 깨닫게 되었다.

 우리 둘만 사는 생활이 아니었기에 행동이 자유롭지 못했던 건 사실이었다. 어쩌다 한 번씩 그의 따뜻한 말 한마디가 기다려지던 것도 잊히지 않는 아쉬운 기억이긴 하다. 내 마음을 내려놓으니 바람과 기대가 사라지고, 보이지 않는 그의 마음도 비로소 읽을 수 있게 되면서 그 후로는 서운하지도 않았다. 지금의 나이가 되고 보니 그의 그런 무심한 성격이 이젠 정말 편하고 고맙기까지 하다.

 많고 많은 사람 중에 부부가 되어 같이 산다는 것은 꼭 만나야 할 사람들끼리 만나는 소중한 인연이라고 생각한다. 내가 참지 못하고 말 한마디를 더하면 서로 서운해질 수 있다는 걸 잘 안다. 늦은 귀가를 하더라도 웃는 얼굴로 반겨 주었다. 그가 먹고 싶어 하는 음식이 있으면 언제라도 귀찮아하지 않았다. 혹 잘못해서 서로 언짢아지려 할 때 잠시 한발 물러서기도 한다. 가장 가까운 부부 사이라고 할지라도 서먹함이 생기지 않도록 그 순간순간을 잘 조절해 나가는 지혜로 오늘도 즐거운 마음으로 하루하루를 지내고 있다.

살아 보니 서운함의 시작은 늘 아주 작은 것에서 비롯된다는 것을 이젠 알겠다. 기대를 품기보다는 내려놓는 일이 행복의 시작이란 걸 깨닫게 되었다.

젊은 날보다 나이 든 지금 남편이 나는 더욱 좋기만 하다.

104 - 어설픈 태백산 등정기

 딸은 서른다섯에 늦은 결혼을 하고 그 이듬해 손녀를 출산했다. 출산이 임박해서 직장을 퇴사하고 첫돌 가까이 모유 수유를 하며 충실한 엄마 역할을 잘 해냈다. 무럭무럭 자라 준 손녀가 네 살이 되었다. 이젠 어느 정도 의사소통이 자유로운 편이다. 손녀가 엄마와 떨어져 지내는 시간이 늘어나니, 딸은 한동안 잊고 지내던 예전 취미 활동을 다시 시작했다. 딸은 사계절 스포츠 모두를 좋아하고 잘한다. 취미 생활을 다시 시작한 딸은 여가의 즐거움에 등산을 새롭게 추가했다.

 처음에는 이른 새벽, 서울 근교 일출 탐방을 시작하더니, 이제는 중장거리 산행을 한다. 주말을 이용한 가까운 등산에는 사위가 육아를 담당한다. 그러나 장거리나 무박 산행을 할 때는 손녀를 돌보는 일은 고스란히 나와 남편 몫이 된다. 손녀를 보는 기쁨은 무엇에도 비할 수 없다. 사십 줄에 들어선 딸의 열정 덕분으로 인해, 나와 남편은 주말을 할머니 할아버지 찬스에 사용하곤 한다. 이번에 딸이 가는 곳은 태백산이라고 한다. 자정에 출발해서 새벽 4시경 산행을 시작한다고 하는데, 딸은 사서 하는 고생은 즐거움이자 보람이라며 에너지가 넘치는 모습이다.

 딸의 모습을 보니 떠오르는 기억이 있다. 웃을 수도 울 수도 없던 나의 태백산 등정기다. 생각해 보니 그게 언제였는지 기억조차 뚜렷이 떠오르지 않는다. 친구가 속해 있는 산악 모임에서 태백산을 간다고 하기에 겨울 산의 설경을 보고 싶은 가벼운 마음으로 따라 나선 태백산행이었다. 아마 단독으로 출발하는 산행이었다면 감히 생각조차 못 했을 일이다. 생각도 용감하고 씩씩했던 그날의 산행이 새해 들어 첫 계획이라는 이유로 인해 더욱 기다려졌다. 사진과 영상에서 보던 설경을 상상하느라고 긴 겨울밤이 짧기만 했다.

 등산객을 태운 버스는 약속된 시간이 되어 바로 출발했다. 일정을 전달하는 진행자의 안내가 끝나자, 버스 안은 금세 고요하다. 동쪽 하늘은 하루를 시작하는 여명이 옅게 물들고 있었다. 빠르게 스치는 창밖으로 아직 남아 있는 가을의 흔적을 보며 나도 잠시 눈을 붙였다. 슬며시 멀미 기운이 들어서 눈을 떠 보니 이미 절반은 지난 듯 첩첩 깊은 산중이다.

출발한 지 4시간이 지나 드디어 목적지에 도착했다. 등산용 가방과 등산화, 옷차림도 다시 한번 꼼꼼히 매만지고 준비운동을 마친 후 선두 일행을 따라나선다.

출발 지점 등산로 입구는 전국에서 모여든 인파로, 발 디딜 틈도 여유롭지 않았다. 무엇보다 안전을 유지하며, 너 나 할 것 없이 질서를 지키며 걷는다. 그 모습이, 마치 에스컬레이터를 탄 듯 자동으로 일행을 따라가는 모양새가 되었다. 오로지 전진만이 있는 길목에 흐름을 조절하는 등산객의 발걸음이 바로 신호등이다.

겨우 1시간 정도 산을 오른 듯한데 완전 무장한 손과 발은 어느 사이 무뎌지고 있었다. 조금씩 추위가 무섭고, 지루함마저 슬며시 다가오는 순간이었다. 되돌아갈 수도 그 자리에 멈출 수도 없는 행진의 한복판에서, 거기에 보태어지는 허기마저 나를 더욱더 힘들게 했다. 흐트러진 마음에 주저앉고 싶은 고비가 되풀이 되었다. 추위로 뒤덮인 경건한 침묵만이 모두의 발걸음을 바득바득 이끌어 갈 뿐이다.

후퇴가 허락되지 않는 갈림길에서 방황하는 마음을 달래고 다스린다. 번뇌의 유혹을 물리치며, 고난의 시간을 모아 한 발 한 발 걷다 보니, 어느덧 정상이다. 드디어 꿈에 그리던 천제단에 다다랐고 주목 군락지 옆에 설 수 있었다. 내겐 기적 같은 일이었다. 벅찬 기쁨과 감동의 순간이 함께한 정상 등정이었다.

그러나 놀랍게도 그 후 내가 그곳에서 무엇을 했는지 연결되는 기억이 전혀 없다. 산 정상에서 추위에 쫓기듯 내려왔을 하산이었음이 분명하다. 아무리 자세히 더듬어 보아도 추위가 삼켜 버린 삭제된 기억이 회복되지 않는다. 이 세상에서 가장 큰 두려움은 견딜 수 없는 추위라고, 그날의 기억이 안개에 갇힌 듯

희미해진 것은 기필코 그날의 추위 때문이었으리라는 변명을 위로 삼아 나를 토닥인다.

  처음 계획은 그랬다. 산행의 목적보다도 말로만 듣던 태백산의 설경을 보고 싶었을 뿐이다. 친구와 함께하는 관광이거나 관람 정도의 가벼운 마음으로 했던 시작이었다. 평소 등산에 대해서라면 일말의 애정도 없었다. 가다가 힘들면 그냥 출발 지점으로 되돌아와도 될 거라는 안일한 생각이 있었음을 반성했다. 집 가까운 뒷산조차 찾지 않는 나였다. 더구나 춥다는 핑계로 동네 공원 산책조차 하지 않던 내게 그날의 태백 산행은 너무나 준비가 안 된 무모한 도전이었다.

  그랬어도 산 정상에서 마음속 깊이 더 깊이 태백산을 품었어야 했다. 그날 그곳에서 고개 들어 하늘을 오래도록 바라봤어야 했으며, 먼 산등성이 봉우리와 눈 맞춤을 나누었어야 했다. 돌아보니 무서운 추위를 견디지 못하고 쫓기듯 하산했던 그날이 끝내 아쉬움이 되었다. 작은 한 알의 초콜릿이 지치고 얼어 버린 마음에 허기를 잊게 해 주던 감동과, 긴 시간 응원가

처럼 들리던 사각거리는 아이젠 소리는 지금도 생생하다. 내게 가장 큰 두려움은 견딜 수 없는 추위였다고, 변명 같은 기억을 몇 번이나 되풀이하여 떠올린다. 그토록 보고 싶던 태백산의 설경을 만났으면서도, 추위가 가로막아 감동을 놓치고 말았던 것이다.

  아쉬움이 더 많았던 그날은
  오랜 세월을 보냈어도
  그날의 기억을 더듬는 그 어설픔마저도
  이제는
  나의 자랑으로 남았다

105 - 잊힌 부모님 기념일

가을이 가까워지고 있다. 7월, 8월 더위에 지친 몸과 마음에 이젠 조금 여유가 생기는 계절이 되었다. 낮 기온은 한여름 더위지만 아침저녁 공기가 다르다. 불볕더위와 장마, 거기에 기상 악화로 많은 이들이 크고 작은 어려움을 겪었던 여름이기에 더욱 가을이 기다려지는지도 모른다. 이젠 모두에게 회복과 치유의 기운을 전해 주는 계절, 마음의 휴식을 안겨 줄 바람과 공기와 파란 하늘의 흰 구름까지도 반갑다. 이 모두가 가을이 주는 행복이다.

9월 달력을 보니 손녀 생일도 있고, 월말 꼬리에는 추석도 보인다. 세상 누구보다 사랑스러운 손녀의 여섯 번째 생일에 무엇을 선물할까 즐거운 고민을 한다. 손녀도 지난해와 다르게 진작부터 갖고 싶은 선물을 고르고 있는 모양이다. 딸이 결혼해서 아기를 잉태하고 손녀가 태어나고 하루하루 설렘을 동반해 준, 무엇과도 비교할 수 없는 행복한 시간을 준 손녀다. 손녀에게 줄 선물 생각만으로도 즐겁다.

그런 나를 보며 문득 부모님 기념일에 드릴 선물도 이렇게 행복한 고민이었는지 돌이켜 봤다. 그러다 돌아가신 부모님 생신을 기억하려고 하는데 언제였는지조차 생각나지 않는다. 세월이 오래 지나기도 했지만 이렇게까지 잊은 채 지내고 있었다는 사실에 놀랐다. 음력 5월 단옷날이 아버지 생신이라는 기억까지는 더듬어 냈는데 엄마의 생신일은 끝내 떠오르지 않았다.

흩어져 사는 형제자매가 모두 만날 수 있는 날이 부모님 생신에서 기일로 변경되었다. 벚꽃이 시들해지고 철쭉꽃이 만발하는 5월과 겨울이 깊어지는 섣달엔 고향으로 소풍 가듯 부모님 추도식을 다녔다. 기일도 편리하게 하라던 아버지 말씀에 해마다 그해 기일이 다가오는 주말에 모두 함께 만났다. 그렇게 오래도록 이어지던 형제간의 만남도 갑작스러운 '코로나 거리 두기'로 인해 기회가 그만 뜸해진 요즘이다.

아버지는 내가 이십 대 후반일 때 췌장암으로 돌아가셨다. 그리고 몇 년 후 엄마와의 이별이 있었다. 그때는 엄마 없이 못 살 것 같았는데, 그 후 나는 일상생활에 아무런 변화 없이 잘 지냈다. 내가 부모님을 잊고 지내듯 내가 잊히는 훗날도 당연히 자연스러운 현상이 될 것이다. 최근에는 내가 세상을 떠난다면 우리 가족들은 어떻게 살아갈지 생각해 본 적이 있다. 아마도 식구들이 매일매일 슬픔에 젖어 살 수 없을지도 모른다고 생각하니 실없는 웃음이 절로 나왔다. 나는 지금의 아들딸보다 훨씬 더 어린 나이에 부모님 돌아가셨지만, 내 가족의 울타리가 있어서 아무 흔들림 없이 지냈다. 경험에 비춰 보아도, 내가 세상을 떠난 후 어떤 일이 일어날 것인지를 짐작해 보는 일은 부질없고 어리석은 상상이다.

오래된 어린 시절 기억 중에 아직도 선명하게 남아 있는 잔상(殘像)이 있다. 독실한 가톨릭 신자였던 친정엄마는 내가 눈을 뜨면 항상 아침기도 중이었다. 그 기도 끝에 늘 하시던 말씀이 "'세상 떠날 때 자는 것처럼 가게 해 달라'고 기도한단다."였다. 그러시더니 정말로 쓰러지신 후 3일 만에 하늘나라로 가셨다. 준비 없는, 너무나 짧은 엄마와의 이별이었다. 어머니는 복 있는 임종을 하신 거라고, 가족들을 위로하던 집안 어르신의 그 말씀이 이제 나이 들어가는 내게도 더욱 절실히 와닿는다. 부디 내 노후의 삶도 소원하는 그 마음 그대로 이루어지기를 간청하면서….

오늘은 손녀 생일 선물을 준비하면서 오랫동안 기억에서조차 옅어진 부모님을 모처럼 그리워했다. 8남매 막내로서 받았던, 어린 시절 가족들의 사랑이 지금의 내가 될 수 있도록 이끌었다. 그러듯이, 오늘 내 삶에 든든한 마음의 큰 지지대 역할이 되어 주는 것은 가족의 행복 씨앗이라는 사실에 감사한다.

106 - 청산도를 만나다

 청산도는 하늘도 바다도 산과 들마저도 보이는 모든 것들이 푸르다 해서 '청산'이라 불린다. 유채와 청보리로 봄의 대표적 상징이 된 청산도를 알게 된 것은 동화처럼 예쁜 화면을 담은 TV 드라마를 보고 나서다.

 그날 첫눈에 반해 사랑하게 되고 그를 만나러 가기까지 7년이 흘렀다. 최고의 아름다운 배경으로만 편집해 표현했을 화면이지만 설령 그랬더라도 넉넉한 인심으로 용서하리라 맹세하고 다짐했었다.

 해마다 봄이 오면 나를 설레게 하고 모든 관심을 빼앗아 가던 청산도 그곳으로 오늘은 오래된 짝사랑 마음을 고백하러 가는 날이다. 정지된 바탕 화면처럼 변함없는 사랑을 주던 그 섬이 나를 어떻게 반갑게 맞이할지 기대의 저울에 즐거움을 올려 본다.

느림보 게으름뱅이 봄날은 4월하고 반, 더디고 느렸던 긴 기다림의 시간마저도 나는 행복할 수 있었다. 기다림이 그토록 행복했던 것도, 여행 떠나는 기쁨의 부피가 점점 더 커지는 것도 딸과 함께 떠나는 여행이기 때문이지 않았을까 싶다.

완도에서 배를 타고 가는 청산도는 무박 코스를 이용하는 게 가장 보편적인 여행 방법이다. 우리가 여행사를 통해 다른 일행들과 함께 떠난 것은 토요일 자정이 지난 시간이었다. 앉은 자세로 보내야 하는 버스에서의 긴 시간 몰려오는 만만찮은 근육통, 석고처럼 굳어 버릴 것만 같은 육체의 고통은 기꺼이 지불해야 할 즐거운 여행 부가세쯤으로 여겼다.

바다 냄새가 서툰 잠을 깨운다. 완도항의 5시다. 아직 잠이 묻어 있던 세포는 이른 시간 모여든 인파에 놀라서 재빨리 여행 중 자리로 금세 달려온다. '흐린 후 비 약간'이란 일기예보가 기다리고 있었지만 믿음직한 큰 덩치의 배를 띄우기엔 지장이 없는 날씨다.

출항하자마자 곧바로 먼동이 트기 시작했다. 배에서

만난 일출의 아름다움은 기대하지 않았던 기쁨을 덤으로 준다. 50여 분 걸리는 뱃길은 잰걸음으로 달려가는 여객선 앞에 파도를 일으키며 가슴을 연다. 청산도다. 드디어 7년의 홀로 사랑이 이루어지는 날이다.

나를 맞이하던 청산도는 언제 추운 겨울이 있었냐는 듯한 모습으로, 우리를 헤어날 수 없는 기쁨의 둘레에 재빨리 가두었다. 청산도를 향한 나의 기나긴 관심과 오래도록 한결같이 보낸 사랑의 답례로는 넘치는 수준이다.

청산도에서 우리가 제일 먼저, 또 가장 많이 보게 되는 단어는 슬로길이라는 푯말이었다. 길을 걷다 보면 아름다운 풍경에 취해 절로 발걸음이 느려진다고 해서 붙여진 슬로길 어귀마다 길과 사람과 풍경에 얽혀 있는 사연들이 있었다.

옛 모습 그대로 간직하기 위해서 견뎌야 하는 불편함과 번거로움 너머 여유라는 편안함으로 느림의 삶을 보여 주는 곳이었다. 유채밭 사이 좁은 길을 따라 걷다 보면 연인들을 연상시키듯 길에는 다정함이 묻어 있다. 바람을 막기 위한 돌담길은 평지가 거의 없다는 것이 자랑이자 특징이기도 했다.

신비롭고 지혜롭던 구들장 논과 다랑논을 만났을 때 많은 이들의 애환과 노력과 지혜가 머무는 내내 감동으로 다가왔다. '비 내리고 흐린 후 갬'이라는 일기예보가 여행 떠나는 마음을 다소 훼방했지만, 미리 빼앗긴 걱정에 대한 보답인지 겸손했던 날씨가 오늘 동행에 한몫 즐거움을 크게 거들어 주었던 하루였다.

그날 이후 나는 청산도 추억을 보장하는 무제한 행복 보험 주 고객이 되었다. 요즘은 눈과 가슴보단 카메라에 더 의지하는 세상이 되었다. 그러나, 비록 충분한 시간을 그곳에서 보내지 않았을지라도, 가슴에도 눈에도 카메라에도 한동안 호사스러울 만큼 청산도를 내 품에 꼭 안을 수 있었던 감동의 시간이었다. 행복하다.

기대도 바람도 누릴 수 있던 즐거움도 모두모두 합격이다. 합격!

107 - 초보 할머니 놀이

　손녀딸. 오늘 하루도 내 생활의 반을 차지한다. 요즘 흔히 나오는 우스갯말 중에 집에서 기르는 반려견 얘기를 하려면 이만 원을 내고, 손주 얘기를 하려면 만 원을 내고 하라는 말이 있다. 언젠가부터, 지나친 손주 자랑을 늘어놓는 이를 보면 어김없이 던지곤 하는 뼈 있는(?) 농담이다. 그런 우스갯말은 아마도 손주 자랑은 듣는 사람이 공감하기 어렵고, 반가워하지도 않는다는 뜻을 담고 있을 것이다. 그러거나 말거나 어느 자리에서든지 감초처럼 빠짐없이 등장하는 화제가 바로 손주 이야기다.

　그만큼 친구들 대부분이 어느새 할머니가 되어 가고 있다는 증거일 것이다. 지난해만 해도 손자 자랑을 하며 행복해하는 친구를 나는 이해하지 못했다. 나도 저럴까 반신반의했던 것도 사실이다. 지금 이렇게 할머니가 되어 보니 손주가 생긴 친구의 자랑이, 손주 얘기를 할 때면 주체하지 못하고 피어나던 미소가 바로 내 모습으로 와 있다. 그래도 그동안 흉보듯 놀리듯 우리가 웃으며 나누었던 얘기 덕분에 조금이나마 품위를 지키려고 노력하는 할머니 정도는 된 것 같다.

때로는 내 기쁨이 자랑으로 넘치지 않는지 또한 듣는 이가 불편하지는 않을까 하는 염려에 주춤하기도 한다. 더구나 오래도록 기다려도 아기 천사가 찾아오지 않는 이웃들이 있기에 더욱 그러하다. 어디까지나 새롭게 느끼는 즐거움과 행복은 나만의 몫이기 때문이다. 자연스레 손주가 생기며 나는 할머니가 되었다. 그러나 지금도 내가 할머니라 불리는 것도 손녀딸과 손자라는 말에 아직도 어색할 때가 많다.

나는 할머니가 일찍 돌아가셨기 때문에 할머니에 대한 기억이 없다. 내가 그리워하는 할머니를 떠올릴 수는 없지만 내 손녀가 그리워하는 할머니는 되고 싶다. 우리가 좋아했던 할머니와 내 아이들이 좋아하는 할머니, 그 할머니에게 행복을 주는 손주, 되풀이되는 인연의 연결고리에서 한 세대가 흐르고 흐른다. 그 인연처럼 하루하루 새롭게 그려질 기다림과 즐거움으로 외손녀가 주는 행복의 굴레에 갇히고 말았다.

 손녀딸이 백일이 되기 전에는 손녀 생각보다도 모든 것이 서툴고 낯설어 힘들어할 딸 걱정이 더 앞섰다. 잠자는 시간이 많아서 늘 비슷한 모습만 보다가 백일이 지나고 나니 부쩍 움직임도 커지고 손짓과 발짓 하나까지도 신비로웠다. 그러다 보니 하루의 출발선에서부터 온통 손녀 생각으로 달린다. 하루해가 채 가기도 전에 오늘과 다를 다음 날의 변화를 기다린다. 즐거운 조급증마저 생기고 잠시도 손에서 휴대폰이 떠나질 않는다.

 때로는 풀린 실타래처럼 지친 하루였어도 손녀 둥지 안에서는 기쁨과 즐거움이라는 충전으로 금세 회복된다. 오늘도 또다시 새롭게 전송될 모습을 기다리며 생각과 기대로 범벅 된 부푼 마음을 억지로 누른다. 누군가에게 자꾸 손녀 얘기를 하고 싶어 나도 모르게 휴대폰 속 사진을 보고 또 본다. 아마도 그나마 휴대폰이 없었다면 손녀를 향한 마음 충전은 늘 부족했을 것이다. 자랑쟁이 할머니의 행복 수은주는 오늘도 상한선에 멈춰 있다.

나도 나지만 손녀를 바라보는 남편도 마찬가지다. 세상 둘째가라면 서운할 만큼 무뚝뚝한 남편도 생각에 머물 따름 미처 표현하지 못하던 감정 노출이 손녀에겐 달랐다. 요즘의 내 모습과 남편의 모습에 우리 아이들이 어렸을 때 익숙하게 보았던 아버님 어머님의 모습이 교차하며 겹친다. 섬을 떠나야 섬이 보이듯 한 걸음 멀리서 더 잘 보이는 거리가 할머니 자리인가 보다. 나도 나지만 아버님 어머님께서 하셨던 손자 사랑을, 이제 그 느낌을 알 것만 같다. 이 땅의 수많은 손주가 조부모가 베풀었던 사랑을 알지 못한 채로 먼 훗날 다시 조부모가 되어 간다. 무엇으로 표현해도 부족한 가슴 벅찬 사랑을 비로소 손녀를 품에 안고서야 느낀다. 내가 첫딸을 낳았을 때 만난 그 기쁨도 그랬다.

그 기쁨을 그대로 간직하고 있는 육아 일기장은 아직도 내 귀중품 중 하나다. 손녀딸을 만난 행운의 저울과 내가 딸을 낳았을 때 기쁨의 저울이 수평선이라 해도 좋겠다. 오늘도 빛바랜 일기장을 펼치며 젊은 날 내 하루의 전부였던 보물 상자를 다시 보았다. 한 번씩 그때를 기억하며 보게 되는 일기장 그 세월이 어느새 37년이다.

> 1982년
> 오후 7시
> 신장 51센티
> 체중 3.39킬로그램
> 혈액형 A형

첫 장을 펼치니 '여기에 나의 소망과 희망과 사랑을 담아 본다. - 젊은 날의 엄마가'라고 쓰여 있다. 가슴이 먹먹하다. 순간 설렘이 교차한다. 내 모습만 변한 게 아니라 글씨에도 젊음이 보인다. 아기를 바라보던 하루하루 변화를 그려 간 날들이 떠올랐다. 아기가 아파서 수많은 밤을 눈물로 보내던 날, 아기가 처음으로 뒤집기를 한 날, 한 번 지어 준 미소에 하루가 행복했던 그날들과 향연이, 푸른 내 젊음의 봄날이 그대로 육아 일기장에 있었다. 그 사랑의 크기도, 지금 내 손녀와 만나는 이 사랑도, 어느 곳으로도 행복의 무게를 잴 수는 없다.

거리가 먼 곳은 아니지만, 손녀딸을 자주 만나지는 못한다. 귀하신 손녀딸을 만나는 날이면 아이는 구경하고 어른들이 재롱잔치를 벌이는 날이다. 누구 할 것 없이 미소 한번 보려고 손뼉을 친다. 노래도 부른다. 쉴 새 없이 펼치는 어른들의 재롱에도 불구하고 짧게 지어 주는 아쉬운 미소 하나만으로도 모두가 행복하다. 손녀딸과 눈 맞추기에 성공하려는 할아버지 덕분에 남편의 콧소리도 들었다. 이제껏 내가 들어 보지 못한 목소리다. 아마도 정작 남편도 자기의 실체를 모를 것이다.

새삼 손녀딸이 우리 곁에 온 것이 행복이고 기쁨이며 큰 감사함이다. 조심스레 앞으로 얼마만큼 손녀 찬스가 유효할까, 물음표를 그려 봤다. 그러다 재빨리 다시 그 자리에 덧줄을 그으며 '유효기간 무제한'이라고 저장한다. 엄마가 느꼈던 기쁨과 엄마에게 주었던 행복 모두를 우리 딸은 더 많이 느꼈으면 좋겠다. 손녀딸을 만나고 나서 요즘 나를 가장 많이 생각하게 하는 글 하나가 있다.

어떤 이가 석가모니를 찾아가 호소하였다.

"하는 일마다 제대로 되는 일이 없으니 무슨 일일까요?"
"그것은 남에게 베풀지 않았기 때문이니라."
"저는 아무것도 가진 게 없어서 남에게 줄 게 있어야 주지 무얼 준단 말입니까?"
"그렇지 않으니라. 아무리 재산이 없어도 줄 수 있는 일곱 가지는 누구나 다 있는 것이다."

화안시(和顔施): 얼굴에 화색을 띠고 부드럽고 정다운 얼굴로 남을 대하는 것이다.
언시(言施): 사랑의 말, 칭찬의 말, 위로의 말, 격려의 말, 양보의 말, 부드러운 말 등이다.
심시(心施): 마음을 열고 따뜻한 마음을 주는 것이다.
안시(眼施): 호의를 담은 눈으로 사람을 보는 것이 눈으로 베푸는 것이다.
신시(身施): 몸으로 때우는 것으로 남의 물건을 들어 준다거나 힘든 일을 돕는 것이다.

좌시(座施): 때와 장소에 맞게 자리를 내어 양보하는 것이다.
찰시(察施): 굳이 묻지 않고 상대의 마음을 헤아려 알아서 도와주는 것이다.

　이는 재물 없이도 남에게 베풀면 행운이 따른다는 석가모니의 일곱 가지 말씀이다.

　이 글은 일상생활 속에서 스치는 작은 행동 하나라도 최선을 다하라는 뜻을 담고 있다. 지난날 이웃과 친구들이 손자 자랑을 했을 때 함께 공감하지 못했던 기억에도 부채 같은 반성이 미세먼지처럼 달라붙는다. 우리의 다정한 말 한마디가, 정다운 눈빛과 작은 행동 하나가 누군가에겐 도움이고 빛이 되며 결국 내 마음에 평화를 찾아오게 한다는 걸 이제 조금은 알 것 같다. 꼭 물질이 아니어도 베풀 수 있다는 진리를 깨달으니 더 넉넉한 마음자리가 만들어졌다.

[2] '손 없는 날' 실수

201 - 김을 구우며

　시간을 확인하지 않았지만, 짐작만으로도 새벽 여섯 시 근처에 와 있음이 분명하다. 나는 벌써 잠에서 깼으며 맴도는 생각을 붙들고 이불을 뒤척이며 누워 있다. 이대로 굼벵이처럼 더 누워 있어야 할지, 아니면 밤사이 식어 버린 거실 공기를 만나러 일어나야 할지를 고민하며, 선택의 주파수를 돌려 가며 잠시 망설이는 중이다.

　평일에 내가 일어나는 시간은 6시다. 혹시 늦잠이라도 잘까 봐 알람으로 저장해 놓은 시간이다. 정확하게 그 시간에 맞추어 모닝 플라워 멜로디가 울려 오지만, 정작 열에 아홉은 먼저 일어난 내가 알람 소리를 맞이하곤 한다. 그러나 언제나 자기 임무에 충실했던 알람도 해제된 무제한 게으름이 허락된 날, 오늘은 특별한 일요일이다.

그렇게 편안하게 무장 해제된 날이었지만 6시라고 보고하는 알람보다도 더 씩씩한 잠 세포는 정직한 새벽을 알아차린다. 살며시 옆자리를 돌아보니 돌아누워 자는 남편의 모습에선 자정 같은 깊은 숨소리가 들려온다. 남편은 아내가 새벽잠이 없는지 새벽에 무슨 일이 일어나는지 전혀 알지 못한다.

한여름엔 쏟아질 듯 떼창으로 들려오는 새들의 지저귐마저도 나 외에 다른 식구들은 모르는 일이다. 그러다 보니 나만이 아는 비밀 같은 새벽이 있음을 자랑삼아 말하곤 한다. 그런 까닭에 다른 이보다 좀 더 긴 하루를 보너스처럼 만나는 셈이다. 평일 같으면 내가 일어나 좀 소란스러워도 상관없지만, 일요일만큼은 풍경이 다르다.

내가 일어나 움직이다 보면 모처럼 늦잠에 빠져도 될 식구들 휴일 단잠에 방해될까 봐 조심스럽다. 생각을 행동으로 옮기기까지 접었다 펼치기를 반복하다가 고무줄 튕기듯 벌떡 몸을 일으킨다. 밤사이 선선하게 식은 거실 공기가 반갑게 나를 맞는다. 창문을 활짝 연다. 창 바깥 싸늘한 바람이 기다렸다는 듯이 내 품으로 들어온다. 몹시 추운 겨울에도 잠시나마 창을 활짝 열어 놓는 것은 오랜 나의 습관이다.

 밤사이 갇혀 있던 묵은 공기도 탈출시키고 신선한 새 공기를 집 안으로 들여놓으니, 기분이 상쾌하다. 밤중에 소리 없이 흩날렸을 기력 잃은 눈은 거의 녹아 없어지고 창밖에 군데군데 눈 무덤이 보이는 걸 보니 아마도 오기 싫은 눈이 억지로 내렸던 지난밤이었나 보다. 1주일 내내 고단했던 몸을 눕히고 일요일만이라도 편안히 자자고 깊은 꿈에 빠져 있을 아들 방을 지나는데 녀석의 코 고는 소리가 문밖으로 마중 나온다.

 지난밤 늦겠다는 아들의 문자를 받고 들어오는 것도 모르고 잠이 들었는데 얼마나 피곤했는지 현관에 벗어 놓은 아들의 구두마저 옆으로 누워 있다. 아들의 구두를 바로 세워 놓고 주방으로 가서 라디오를 켰다. 라디오에선 '웬 아이 드림(When I dream)' 감미롭고 부드러운 올드팝이 흐르는 중이다. 흥얼흥얼 익숙한 멜로디를 따라 불러 본다. 재촉하지도 않고 시간이 부족해서 불안하지도 않은 아주 평화로운 고요가 흐른다.

그래서 휴일은 필요하고 값진 시간임이 틀림없는 사실이다. 아직 아침밥을 지으려면 먼 시간. 아마도 지금부터 식구들이 일어나기를 기다리려면 긴 기다림과 씨름해야 할 것이다. 아들과 남편의 맛있는 일요일 아침잠을 방해하지 않으려면 나만의 방식으로 해야 할 놀이가 필요했다. 뭐니 뭐니 해도 혼자서 놀기에는 손으로 하는 놀이가 제격이다.

이것저것 궁리를 하다가 생각해 낸 것이 한동안 손 놓았던 김을 재면 좋겠다는 생각이 들었다. 요즘엔 대부분 포장된 조미김에 익숙한 입맛이지만 아직도 우리 집엔 종종 이렇게 김을 재워 놓고 두고두고 구워서 먹는다. 김을 재우려면 특별한 재료도 필요 없고 들기름과 소금만 있으면 되기 때문에 요란한 준비나 도구가 필요한 것도 아니다. 분홍색 꽃무늬가 바탕에 가득 깔린 금빛 쟁반에 김 한 톳을 꺼내 준비한다.

1.5리터 페트병에 담겨 있던 들기름을 따르니 고소한 향이 일품이다. 그 들기름은 고향에 사시는 칠순이 넘은 올케언니께서 농사지어 보내 주신 것이다. 그 고

소함은 감히 시중에서 사 먹는 들기름에 비할 바가 아니다. 음식을 조리할 때마다 고생하셨을 언니가 매번 떠올라 감사함을 잊지 않으며 먹곤 한다. 들기름과 소금까지 준비해서 식탁에 앉았다. 지난해 무릎 수술을 받고 난 후 무엇이든 서서 하는 일은 거슬린다.

나이는 들어 가고 몸은 비대해지고 건강은 하루하루 달라지고 있어서인지 무리하면 반드시 후유증이 따라오는 요즘이다. 그래서 얻은 교훈이 내가 아프지 않아야 다른 이에게 폐가 되지 않는다는 진리다. 그 깨달음을 삶의 처방으로 삼아 모범생처럼 따르는 중이다. 노점에 상점을 펴듯 식탁 위에 소꿉장난 같은 나만의 좌판을 폈다. 김을 펼치고 우선 들기름으로 조심스레 곱게 단장해서 한편에 수북하게 쌓아 놓는다. 그러고는 멋들어지게 들기름으로 치장된 김 위에 다시 맛을 입힌다.

기름이 없어서도 안 되고 소금이 없어서도 안 되는 김과 소금의 조화처럼 우리들 삶도 이렇게 무탈하게 잘 어울려 가며 살아갈 수 있기를 희망해 본다. 기름을 바르고 소금을 얹으며 김 한 장, 한 장을 옆으로 옮겨 놓을 때마다 쟁반 아래 식탁 유리 사이에 넣어 둔 아들의 사진이 옮겨지는 김을 따라서 눈에 들어왔다.

 아들이 고등학교 수능 시험을 볼 때 원서 작성에 필요해서 찍었던 사진이다. 지금처럼 몸이 불어나지 않았던 시절이라서 앳된 모습에 이목구비가 선명하여 장동건 배우를 버금가게 하는 아들이다, 물론 엄마가 바라보는 비유이긴 하지만 다른 이의 눈에 비추어 보아도 절대 부족하지 않은 인물이라고 생각한다. 식탁에 앉을 때면 늘 마주하는 사진이지만, 그 사진을 볼 때마다 이렇게 사진 한 장으로 흐뭇할 수 있고 행복할 수 있다는 것이 신기하다.

 그래서 사람들이 즐거움을 찾아 더 많은 추억을 만들고 그 기억으로 그리움을 쌓아 가는 것인지도 모르겠다. 요즘엔 아들의 귀가가 늦는 날이 많아서 아침저녁 잠시 얼굴을 마주할 뿐, 예전과 달리 서로 간의 대화도 점점 줄어들고 있다. 그런 허전함, 아쉬움 때문인지 그 사진을 보고 있노라면 기분이 참 좋다. 정직하게 소년기가 남아 있고 이목구비도 또렷하고 온순한 모습이 성실해 보이기까지 하는 아들 사진은 보고 또 보아도 꽃 본 듯이 예쁘다.

아들은 어려서부터 잔병치레를 많이 했다. 그때마다 엄마 맘을 몹시 아프게 했어도 학업성적은 늘 우수했다. 행복이 성적순이 아닌 것은 분명하지만 엄마를 늘 뿌듯하고 행복하게 해 주던 아들의 학창 시절은 언제나 모범생이었다. 지금까지도 해마다 수능 시험을 보는 날이면 예전처럼 초조한 맘이 떠올라서 변함없이 떨리고 긴장되곤 한다.

오래전 아들이 수능 시험 보던 해의 일이다. 시험을 하루 앞둔 전날의 기억은 시간이 많이 지났어도 아직 생생하기만 하다. 시험을 바로 앞두고 있어서 모두가 긴장되고 초조해하던 그날 저녁 늦은 밤 "엄마 아빠 그동안 고생하셨어요. 감사합니다."라는 짧은 인사말을 문자로 전해 왔다. 본인도 긴장되고 떨렸을 텐데 엄마 아빠께 감사 인사를 전해 온 그 맘이 너무나 고마워서 문자를 받고서 난 얼마나 울었는지 모른다.

지금도 그때를 생각하면 울컥해진다. 수험생이라는 특수 신분(?)의 아이에게 말 한마디 건네는 것도 어려웠고 아이가 어디 맘 상하는 것은 없는지 조심스럽던 시간을 보낸 것도 사실이었다. 하지만 그렇다고 그런 현실이 꼭 우리 집만의 얘기는 아니었을 것이란 걸 잘 안다. 그때 엄마 아빠에게 건네준 아들의 짧은 감사의 인사말은 이 세상 그 무엇에도 비교할 수 없는 소중한 감동 선물이었다.

식탁의 아들 사진은 그 마음이 고맙고 한없이 예쁘던 기억을 떠오르게 하는 바로 그때 모습이다. 좀 무뚝뚝하지만 요즘 보기 드물게 좀처럼 부모에게 의지하지 않으려는 자립심이 강한 아이다. 요란스럽게 자랑하지는 않아도 참 자랑스럽고 든든한 아들이다. 김 한 장 한 장이 기름, 소금과 어우러지는 사이사이 계속해서 보였다 사라지는 예쁜 아들의 얼굴이 시선을 멈춰 세웠다. 어려서부터 편식이 심했던 아들은 다른 아이들과는 다르게 사 먹는 김보다 엄마가 구워 주는 엄마표 김을 좋아했다.

더구나 사 먹는 조미김 맛과 엄마표 구운 김을 어린 입맛으로도 정확하게 구분해서 신기했던 기억이 새롭게 다가온다. 기름과 소금으로 화장을 마친 잘생긴 김을 한 번에 먹기 좋게 몇 장씩 나누어 추억을 저장하듯 냉동실에 접어 넣었다. 먹을 때마다 그때그때 한 번씩 꺼내어 굽기만 하면 식탁에서 훌륭한 밑반찬이 될 것이다.

지금처럼 조미김을 생각하지 못하던 나 어릴 때도 엄마표 김이 있었다. 따뜻한 아랫목에 놓인 스테인리스 통에는 구운 김이 눅눅해지지 않게 보관하던 어른들의 슬기로운 삶이 있었다.

평화로운 휴일 다른 이들보다 더 긴 하루를 시작하며 큰일 하나를 끝냈다는 이 시간도 내겐 소소한 참 행복이다.

202 - 노각(老脚)

 사계절의 모습은 봄, 여름, 가을, 겨울이라는 이름만큼이나 모양도 확실하고 빛깔도 분명하다. 그러나 아쉽게도 네 계절은 언제나 시한부로 왔다 간다. 새 옷을 입고 찾아오는 계절이 늘 변함없고 익숙한 만남이어도 기다림이 주는 설렘은 변화가 주는 또 다른 고마움이다. 올해도 어김없이 보이지 않는 이정표를 앞세우고 여름이 걸어가고 있다.

 여태 이렇다 할 특별한 계획이 없어서인지 여름과의 동행이 무감각했던 것도 사실이다. 그러던 차에 자주 가지는 않지만 정겨움과 색다른 재미를 만날 수 있는 재래시장에서 반가운 여름을 만나고 왔다. 지나온 세월을 굳이 말하지 않아도 알 수 있는, 굵은 주름이 깊게 팬 노파의 좌판 앞에 섰다. 수북하게 쌓인 악어 무늬를 닮은 노각 더미를 본 순간 잠자던 여름 신호등이 바쁘게 점화된다.

결혼해서 맞이하던 첫해 여름이 마중 나온 기억과 반가운 만남을 나눈다. 새댁이라는 사랑스러운 이름표가 나비처럼 나풀거리던 시절이었다. 주방에서 내가 할 수 있는 일이란 어머님의 잔시중이 전부였다. 어설픈 초보의 역할이어도 수험생 공부하듯 마음을 졸이며 주방 일을 익히던 날이었다. 시장에 다녀오신 어머님께서 한 손으로는 들기도 힘겨운 굵은 노각을 꺼내며 "올해도 노각이 나온 걸 보니 여름이네." 하신다.

　무슨 뜻인지 알 수 없던 그해가 지나고 그 이듬해 여름이 되었을 때 "올해도 노각이 나온 걸 보니…." 하시던 그 말씀의 의미가 제철 먹을거리에서 비롯된 어머님만의 기준이란 걸 알 수 있었다. 주문처럼 되풀이되던 말씀은 기억 속에 습관이 되었다. 지워지지 않는 또 하나의 짙은 기억은 어머님만의 특별한 노각 요리법이다. 두꺼운 겉껍질을 벗겨 내고 씨를 긁어낸 후 먹기 좋은 크기의 반달 모양으로 썰어 놓은 노각을 멸치와 다시마로 우려낸 육수를 넣고 끓이는 요리였다.

　가끔은 특별한 볼일이 없어도 가고 싶은 곳이 재래

시장이다. 꾸미지 않아도 화려하지 않아도 갖가지 정겨운 장면을 만나는 재미가 있어서 좋다. 거기에 추억의 먹을거리가 즐거움을 더한다. 시장 입구를 알리는 좁은 골목 보도블록 위에 회색빛 전봇대를 기둥 삼아 펼쳐진 노파의 좌판이 있다. 여린 햇살도 힘겨운 채소 더미 위로 한나절 땡볕이 머문다. 그 무리 속에서 가장 건강한 모습으로 버티고 있는 잘생기고 근육이 단단한 노각 하나를 기쁜 마음으로 샀다.

 파란 빛깔의 여린 오이가 주는 상쾌함 같은 싱그러운 젊음도 좋다. 그렇지만 깊은 맛이 우러나는 노각처럼 쉰이 넘은 지금의 나이도 충분히 멋있고 향기롭다고 생각한다. 어쩌면 그런 생각이 내게 주는 선물 같은 위로일지도 모른다. 인생의 노각이 되고 있을 지금의 나를 아끼고 더 많이 사랑하련다. 이제 또다시 몇 번의 추억과 그리움을 꺼내며 시한부로 다가왔던 여름은 나이테를 살찌우고 다시 홀연히 떠나가겠지. 추억의 숲에서 다시 만날 그날을 위해.

203 - 더덕

 까맣게 잊고 있던 기억도 우연한 기회에 늘 가까이 했던 것처럼 느껴질 때가 있다. 음악에서도 추억을 만나고 생김새가 비슷한 사람을 만날 때도 그러하다. 때론 낯선 여행을 가서도 오래된 기억이 순간순간 떠오르는 걸 보면 기억과 추억은 늘 소중한 것임을 다시 생각하게 된다. 오늘도 잊고 있던 기억을 되살려 준 것은 더덕 때문이다. 자주 타지는 않아도 집으로 가는 길에 가끔 전철을 이용한다. 너 나 할 것 없이 휴대폰에 열중하는 사람들 사이에서 자리 없이 서서 가는 내게 한몫의 즐거움을 주는 것은 스치는 거리 풍경이다.

 다섯 정거장쯤이야 전동차로는 금세 도착하는 거리다. 전동차에서 내리자마자 계단을 오르는 사람들의 구두 마찰음이 마치 음계가 다른 피아노 건반을 두드리는 것만 같다. 인파에 섞인 채 개찰구를 향해 잰걸음으로 계단을 오른다. 몇 계단 채 오르지 않았는데 계단 중턱까지 마중 나온 것은 바로 더덕 냄새였다. 맞아, 이곳에 오면 늘 더덕향이 마중 나오곤 했지…. 잠시 쉬고 있던 내 기억이 따라갔다. 개찰구를 나와 모퉁이를 돌아서니 더덕을 팔고 있는 낯익은 노파의 모습이 보인다.

사람들이 쉼 없이 오가는 길목에서, 또는 이따금 썰물처럼 다 빠져나간 빈 복도에도 더덕 냄새는 온종일 그곳에 서성이며 함께했을 것이다. 머리에 수건을 두른 노인의 굵은 주름이 말 없는 세월을 말한다. 검게 그을린 손에서 뽀얀 속살을 보이며 뭉쳐 있던 더덕 한 무더기가 내 손에 들려졌다. 그날 우리 집으로 동행했지만 곧바로 냉동실 신세가 된 더덕에 대한 기억이 떠올랐다. 가끔 그 통로를 지나는 날이면 어김없이 더덕향이 안기듯 달려들었고 어쩌다가 할머니 모습이 보이지 않은 날은 오히려 그 길이 낯설게 느껴질 때도 있었다.

요즘 한동안 전동차를 타지 않아서 잊힐 만도 했건만 오랜만에 지나는 오늘 역시 예전 풍경 그대로다. 더덕은 사포닌과 칼슘, 철분이 풍부해서 면역력도 높여 주고 성인병 예방과 천식에도 효능이 있음을 인정받은 식품이기도 하다. 맛과 향에 격이 있고 품위가 있지만, 요즘 흔한 다른 음식들처럼 뚝딱 해결되는 것이 아니다. 더덕 요리의 으뜸인 향과 맛을 살릴 솜씨가 없는 내가 접근하기엔 꽤 어려운 음식 테마이기도 하다. 언제부터인가 더덕 향이 좋아지고 더덕 요리의 깊은 맛의 매력을 알게 되었다는 것은 아마도 요즘 말로 내가 점점 더 익어 가는 나이가 된 까닭이리라.

결혼 전에는 막내라는 특혜로 집안일에서 해방되었고 시할머님과 시어머님과 함께 살던 신혼 시절에는 할 줄 아는 게 없어서 주방 일은 언제나 보조만 하던 나였다. 그렇게 어른들 속에서 살던 시절에는 주도해서 해 본 요리가 없다. 거기에 눈썰미까지 부족해서 지금까지도 내 요리는 말 그대로 주먹구구식이다. 더구나 단둘이 사는 집에서 남편은 아침 대용으로 사계절 내내 미숫가루로 대신하고 저녁 한 끼만 겨우 먹다 보니 음식 만드는 기회가 점점 줄어들 수밖에 없다.

그저 되는 대로, 나만의 방식대로 하는 요리가 남들

이 보면 소꿉장난으로 보일지도 모른다. "요즘 음식 솜씨가 자꾸만 줄어드는 것 같다."라고 변명하는 내게 "원래 그랬다."라고 능청스레 말한다. 남편의 말 한마디에도 내가 당당한 자신감을 잃지 않은 것은 좋은데, 결국 투정 한번 안 한 남편 덕분에 음식 솜씨가 발전하지 않은 면도 있지 않나 싶어서 빙그레 웃음이 나왔다. 그래도 나는 주방에서 음식 만드는 일이 즐겁기는 하다. 음식을 능숙하게 잘하지 못하는 아내여서 미안한 면도 있지만, 마음이 많이 들어간 '정성 비법'이라는 비밀 병기에 늘 자신을 합리화하곤 한다.

이따금 한 번씩 오랜 시간 주방에 머무는 내게 뭐 하고 있는지 슬며시 물어보곤 하는 남편은 "제발 좀 요리를 하려고 하지 말고 음식을 하라."라는 뼈 있는 농담을 건네곤 한다. 오늘은 그 음식이란 걸 해 봐야겠다. 며칠 전 고향에서 가져온 것이라고 전해 준 지인의 더덕과 지난가을 우리 집으로 왔지만 자신 없어서 그대로 냉동실에 갇혀 지내게 하여 미안했던 더덕을 다 동원해 볼 참이다. 오늘은 향긋한 향을 집 안에 피우며 더덕을 식탁의 으뜸 주인공으로 기필코 한번 만들어 봐야겠다.

204 - 명란(明卵)젓 담그기

믿고 거래하는 온라인 농수산 장터에서 생명란(明卵)을 샀다. 명란은 껍질이 얇고 질기지 않아야 하며, 본래 형태인 길쭉한 모양이 잘 보존되어야 상품(上品)에 속한다. 담그는 방법도 모르면서 무턱대고 샀으니 분명 대책 없고 겁 없는 충동구매였으리라. 할복한 상태에서 조미료가 첨가되지 않은 자연 그대로라는 상품 설명에 이끌려 구매하게 되었으니, 판매자는 성공한 셈이다.

단단한 음식보다는 부드러운 음식을 선호하는 남편도 좋아하고 아버님 생전에 명절 때가 되면 어김없이 선물 속에 꼭 포함되던 명란이었기에 평소에도 특별한 관심을 두긴 했었다.

막상 구매한 상품이 도착하자 덜컥 겁이 났다. 그동

안 내가 알던 명란과는 전혀 다른 모습이어서 순간 괜한 일을 만든 건 아닌지 근심마저 밀려왔다. 지금까지는 늘 마트나 시장에서 판매되는 젓갈 완제품만 먹어 봤으니 당연히 그럴 법도 하다.

요 며칠 동안 오로지 내 관심사는 명란에 관한 것이었다. 요리 전문가의 영상을 찾아서 보고 또 보며 명란젓 담그는 방법을 공부했다. 덕분에 그동안 익혀 둔 방법과 순서에 따라 차근차근히 해 보니 그래도 걱정했던 것에 비하면 잘 진행되었다.

제일 첫 순서는 불순물 제거다. 갓난아기를 다루듯 조심하며 하나씩 씻어서 가지런히 놓았다. 어느 정도 물기가 제거된 다음 소금으로 밑간을 한다. 우선 1차 과정은 거기서 끝이다. 소금 간이 스며드는 숙성 과정이 필요하므로 일주일 동안 임시 저장한다. 생각보다 양이 많았지만, 염려와는 달리 과정에 무리가 없었다.

명란젓은 짭짤하면서도 비릿하지만, 고소한 맛과 조화를 이루는 감칠맛이 있다. 거기에 알알이 톡톡 씹히는 식감은 맛에 재미를 더해 준다. 영양 면에서는 비타민과 단백질이 풍부하며 원기 회복과 노화 방지에도 탁월하다고 한다. 내게 생명란을 판 가게 주인이 덧붙인, 면역력 강화 및 혈관 건강 증진에도 효능이 있다는 긴 설명을 다시 떠올려 본다.

소금 밑간을 해 둔 숙성 기간 일주일이 지났다. 이제 다음으로 본격적인 양념을 해야 한다. 처음에는 부서질까 터질까 살살 달랬었는데 소금에 절여 놓으니 한결 다루기가 수월했다. 고춧가루와 마늘, 매실청을 넣고 버무린 후 오래 보관하며 먹을 것을 생각해서 소금도 조금 더 추가했다. 양념으로 옷을 입히니 제법 근사해졌다.

어느 정도 착색이 되어 간다. 첫 과정부터 끝까지 모두 내가 했기 때문에 완성된 명란젓을 자꾸만 자랑하고 싶었다. 모양은 판매 제품에 빠지지 않을 정도로 훌륭했다. 그러나 갖은양념과 고춧가루 옷을 입혔어도 기성 상품과는 때깔이 다른 점이 아쉬웠다.

알고 보니 시판되는 제품에는 빛깔을 곱게 만들기 위해 아질산나트륨이라는 발색제가 첨가된다고 한다. 그렇게 약품처리를 한 덕분에 고운 색상을 띠는 것이란 걸 이번 체험 과정에서 알게 되었다. 영상으로 과외받으며 진행했지만, 덕분에 너무나도 훌륭한 작품이 되어 만족스럽고 흐뭇했다.

이렇게 저장용으로 오래 두고 먹어도 좋겠다 싶었지만 빨리 뽐내고 싶어 실파와 매운 고추, 참깨와 참기름을 넣고 살살 무쳐 냈다. 그중에 속이 빈약해서 탄력이 없는 것은 별도로 구분해서 무를 썰어 넣고 알탕도 만들었다.

저녁 밥상이 소소한 명란 정식 한상차림이 되었다. 입안 가득 알알이 톡톡 터지는 명란의 합창을 느낀다. 넘치는 뿌듯함, 흐뭇함과 함께 내가 담근 명란젓이 한동안 우리 집과 행복한 동행을 할 것 같다.

205 - 뮤지컬 보러 가던 날

나는, 면 소재지에서 20리 떨어진 농촌 마을에서 태어나고 쭉 그곳에서 살았다. 그런 내가 고등학교를 막 입학했을 무렵 예술학교에 들어갔다는 사실 하나만으로도 흥미 있는 화젯거리였다. 물론 요즘에 만나는 가까운 지인분들도 그 시절에 예고를 다녔다는 사실에 놀라기는 마찬가지다.

중학교 3학년 때 부모님께서 서울로 거주지를 옮겨 가시게 되었다. 나는 시골에서 중학교를 마칠 때까지 오빠 댁에 남아 있었다. 그 이듬해 졸업을 하고 서울에서 부모님과 다시 생활할 수 있게 되었을 그때가 곧 상급 학교를 선택해야 할 시기였다.

진학에 대한 지식도 부족했고 정보에도 어두웠던 나와 가족들은 학교의 특성을 무시한 채, 다니기에 가장 적합한 지역을 우선으로 고려하여 예고를 선택했던 것 같다. 그러다 보니 개인적으로 꿈도 없이 우연한 계기로 진로가 결정된 셈이다. 결국 특별한 의미를 부여하지 못한 채 상급 학교에 입학하게 되었다. 선택의 동기와 과정은 새 학기 시작과 동시에 의미를 잃고 사라져갔다.

그 대신 풀어야 할 새로운 과제가 장승처럼 나를 맞이했다. 아빠보다는 아버지란 호칭에 익숙한 나와는 달리 점심시간이면 우유에 밥 말아 먹던 짝꿍의 놀라운 모습에서부터 친구들이 말하고 행동하는 것마다 신기했던 시골 소녀의 도시 적응기는 봄 가뭄에 더디 자라는 식물 같았다.

같은 하늘 아래 비슷한 또래로 성장했지만 보고 듣는 것이 곧 혜택이던 도시 친구들이었다. 내가 자란 지역 차이를 이해하기까지는 고된 낯섦과 봄날 내내 씨름하며 지내야 했다. 짙푸른 멍이 희미해지듯 서먹함도 조금씩 사라질 무렵에 내게는 '꼬마'라는 별명이 지어졌다.

별명이 생겼다는 것은 어느 정도 친구들과 익숙해졌다는 증거이기도 했다. 우리 반에서 1번이던 내가 작고 귀엽다며 동기 남학생들이 장난삼아 붙여 준 애칭이었다. 이렇게 많이 변해 버린 지금의 내 모습에도 불구하고 아직도 동창 모임에선 학창 시절 그때의 기억을 앞세운 '꼬마'라는 호칭이 더 익숙하다.

아마도 그 이유는 3년 동안 내 이름보다도 더 많이 불렸기 때문일 것이다. 우리에겐 보통의 학생들은 쉽게 접할 수 없던, 그래서 더욱 흥미롭던 시간이 많았다. 연기 실기와 연극 개론 및 화술과 분장까지 체험과 실습으로 이어지던 우리만의 학창 시절이 있었다.

방송국 드라마 세트장과 영화 촬영장에서 볼 수 있는 보조 연기자의 모습이 바로 우리의 수업이었고, 학교 행사인 졸업과 입학식에는 재학생들로 이루어진 연극이 무대에 올려졌다. 새로운 작품이 만들어질 때마다 친구들과 두터운 우정이 숲을 이루고 공연이 끝난 막 내린 무대 뒤에서 아쉬움에 눈물짓던 기억이 잊히지 않는다.

학교생활에 충실했지만, 연기자가 되고 싶진 않았다. 그 풀리지 않던 수수께끼의 뒤늦은 정답은 내성적인 성격에다 자신감 부족으로 인한 스스로의 기권이지 싶다. 그래도 부정할 수 없는 것은 고교 3년의 정서와 감성이 지금 나의 내면에 영향을 주었던 것만은 사실인 셈이다.

　세월은 우리의 모습을 변하게 하지만 그 시절 함께 나눈 아름다운 추억을 지울 수는 없다. 부끄럼쟁이 시골 친구에게 동아줄처럼 든든함을 주던 꼬마 삼총사가 있다. 색 바랜 추억의 책장을 꺼내며, 풋풋했던 기억을 앞세우며 지금까지도 1년이면 몇 차례씩 연극 나들이를 다닌다. 오늘도 바로 그날이다.

　영글지 못한 풋과일 같은 꿈으로 끝나 버린 젊은 날 추억을 다시 만나러 가는 날이다. 잠자던 설렘을 동반하고 뮤지컬 공연을 보러 가는 날이 되었다. 예약을 해 놓고 난 뒤, 흩어져 사는 친구들과의 만남을 기다리는 2주일이 흘러갔다. 저녁 8시에 시작된 공연은 10시가 넘어서 끝이 난다. 공연을 마치는 시간이 늦다 보니 경기도 화성시에 사는 친구가 집으로 갈 마땅한 대중교통편이 끊기는 시간이 되어 버린다.

친구를 집까지 바래다줄 누군가가 있어야만 늦은 시간까지 함께하는 데이트가 가능하다. 이번에는 그 역할을 딸애가 기꺼이 해 주기로 했다. 친구를 만나게 되어서도 즐거웠지만 좋은 공연을 딸과 함께 볼 수 있어서 나의 기쁨이 배가되었다. 오후에 있을 약속이 즐겁다 보니 나도 모르게 콧노래가 종일 흥얼거려졌다.

만나기로 한 시간이 다가오고 날 데리러 오던 딸이 느닷없이 고백할 게 있다고 전화했다. "엄마 죄송한데, 저 시간이 늦어서 모자 쓰고 옷을 편하게 입었어요."라며 나온 옷차림새를 말했다. 평소에도 화장기 없이 수수하게 하고 다니는 딸이어서 모처럼 엄마 친구들을 만나는 자리인데 옷차림도 신경 쓰고 평소 안 하던 화장도 좀 하라고 한 엄마의 아침 당부가 마음에 걸렸던 모양이다.

전날 피곤했던 몸과 마음이 채 회복되지 않은 채로

엄마와의 약속을 지켜 주려고 노력했던 딸은 엄마의 꾸중이 걱정되어 조심스럽게 미리 전화로 미안함을 전달했음을 안다. 그런데도 그런 마음을 무시해 버린 채 딸애를 만나는 순간 재차 핀잔이 물 쏟아지듯 튀어나왔다. 퉁명스러운 엄마의 불편한 표현에 모처럼 호사스러운 나들이 분위기가 삼켜졌다. 종일 들떠 있던 내 마음마저 연기처럼 흔적 없이 사라져 버렸다.

 엄마의 배려 없는 불평은 드디어 딸의 눈물을 불러냈고, 순식간에 무채색으로 변해 버린 어색한 침묵만이 잿더미처럼 쌓여 가고 말았다. 겉마음과 다른 무거운 속마음을 숨기고 사태를 회복하기는 역시 버거웠다. 아쉬움과 후회를 짊어진 채로 객석에 앉았다. 스펀지에 물이 스며들 듯 즐거워야 할 시간 내내 물 위에 둥둥 떠 있는 기름처럼 젊은 날의 정서들도 낯설다. 가라앉은 기분이 친구들과의 반가운 재회가 주는 기쁨의 무게마저 자꾸만 깎아내려 불편함 그득한 뮤지컬 보는 날이 되고 말았다.

 그날 이후 꼭 그래서라고 말하지 않아도, 아닌 척해

도 딸 보기가 여간 민망하지 않았다. 딸아이도 엄마한테 서운했을 법한 몇 날이 찜찜하게 흘러갔다. 나만의 생각이었는지 몰라도 왠지 딸도 엄마와의 시간을 피하는 것 같다는 생각이 들었다.

허기에 가까운 가라앉은 마음이 좀처럼 기력을 회복하지 못하고 무엇을 해도 즐겁지 않았다. 딸과의 우정을 잘 지켜 내지 못한 후회가 소나기처럼 내리고 또 내려서 홍수가 날 정도로 나를 지치게 했다. 굳어 버린 표정에 노랫소리도 아닌 한 옥타브 높아진 꾸중으로 나무라던 내 모습이 자꾸만 떠올라 한없이 부끄럽고 미안하기만 했다.

그때 네가 옷을 단정하게 입지 않아서가 아니었다. 엄마의 핀잔을 한 번 더 들었다고 해서 서운함을 참지 못하고 눈물을 보인 것에 엄마는 더 속상했었다는 변명도 하지 못했다. 그냥 웃으면서 "엄마 죄송해요."라고 애교라도 부렸다면 좋았을 것을… 하고 시간을 되돌려 딸한테 바라고 있었다. "그래도 예쁘게 하면 좋았을 것을…." 하고 부드럽게 말하는 엄마였다면 좋지 않았을까 하는, 밀려오는 아쉬움으로 스스로를 채찍질하는 시간이 이어졌다.

 가까이 있는 사람과의 불편함은 그 어떤 타인과의 갈등보다 더 우울하게 한다. 딸애가 한결 작아진 모습으로 보이던 눈물이 맘 아프게 잊히질 않는다. 오늘도 연습 없는 내 삶의 무대에선 쉼 없이 인생 공연이 펼쳐지고 있다. 짧은 순간 행동이 오랜 시간 후회와 아쉬움으로 되살아나는 것은 괴로운 일이다. 부질없는 되풀이가 두 번 다시 없었으면 좋겠다는 다짐이 날마다 켜켜로 쌓이는 요즘이다.

 딸의 피치 못할 상황을 헤아리지 못한 엄마가 성급하게 화를 내서 미안했다. 그날 "이 모습 그대로도 괜찮아."라고 말하지 못하고 너를 서운하게 해서 미안하다 딸아. 그날 엄마가 많이 부끄럽고 미안했음을 이제야 고백한다.

206 - 믿음으로 보낸 하루

올겨울은 포근한 날이 더 많았다. 12월이 다 가도록 이렇다 할 눈도 추위도 없었다. 그러다 느닷없이 이른 아침부터 긴급 재난 문자가 켜켜이 쌓이는 날이다.

> 〈행정안전부〉 눈이 내려 도로가 얼어 미끄러운 곳이 있겠습니다. 차량정체가 예상되니 대중교통을 이용해 주시고 보행 시 낙상사고에 주의하시기를 바랍니다.

> 〈경기도청〉 오늘 경기도 전역에 강풍이 불고 있습니다. 간판 등 부착물은 꼭 고정해 주시고, 낙하물의 위험이 있는 곳은 가까이 가지 않도록 합니다.

> 〈군포시청〉 오후 내린 눈비와 한파주의보 발표로 수도관 동파 농작물 냉해 등 주의 바라며, 퇴근길 미끄럼 안전사고에 유의하시기를 바랍니다.

코로나로 지치도록 받아 본 안전 문자였지만 연달아 전해지는 알림을 빠짐없이 살펴보았다. 그 어느 때보다 조심하라는 친절한 당부의 문자는 시간별로 계속 이어졌다.

오전부터 그치지 않을 것처럼 눈이 내렸다. 그러다 언제 눈이 왔는지 흔적도 없이 금세 녹아 버리고 다시 내리기를 반복했다. 변덕스러운 날씨지만 시시각각 변하는 바깥 풍경에 시선을 빼앗기며 하루가 갔다. 흐린 날씨에 눈까지 내리니 어둠이 더 빨리 내려앉았다. 오후 5시가 막 지날 무렵이었다. 어떤 젊은 남자가 사무실 앞을 지나갔다가 다시 돌아와 문을 열고 안으로 들어선다.

마스크와 안경에 가려져서 얼굴 모습이 뚜렷이 보이진 않았다. 젊은 청년이었다. 근처 아파트에 사는 형수님께 돈을 타러 왔는데 만나지도 못하고, 휴대전화를 잃어버린 데다가 형수의 전화번호마저 몰라서 연락도 못 하고 있다는 딱한 사정을 설명한다. 집에 돌아갈 차비가 없어서 상가 다섯 곳을 갔지만, 차비를 얻지 못해 도움을 청하러 왔다는 것이다. 목소리가 고르지 않았는데, 추위 때문이라고 생각했다.

사무실이 건물 1층에 있다 보니 더러 외판원도 들어오고 성금 모금한다는 소규모 단체 방문도 흔한 일이다. 한번은 스님이 시주받으러 들어왔다. 그날은 가지고 있던 현금이 없어서 모아 놓은 동전이라도 드리려고 준비하고 있는데 동전은 안 받는다고 짜증을 내고 가 버렸다. 이해할 수 없는 스님의 행동을 보며 내가 무슨 잘못을 한 것인지 의아했던 그날, 그분은 정말 스님의 신분이긴 했을까 하는 부정적인 마음을 지울 수 없었다. 그 일은 방문하는 이들에 대해 일단 진정성을 의심하여 편견의 시선으로 바라보게 되는 계기가 되고 말았다. 아직도 지워지지 않는 진한 기억이 있었음에도, 그렇게 추운 날 청년이 나쁜 생각으로 찾아온 것은 아닐 것이라는 믿음으로 이미 마음속에는 그에게 교통비를 줘야겠다는 결정이 내려져 있었다.

청년은 다시 한번 사정 이야기를 하며 내일 오전까지 연락드리고 빌린 돈을 보내 주겠다고 했다.

"여기 사무실에 CCTV가 있어요, 집이 어딘가요?"

낯선 이에 대한 혹시나 하는 마음에 CCTV가 설치되어 있다고 먼저 알렸다.

"화성입니다."
"교통비가 얼마나 있어야 하죠?"

도움을 청하는 청년의 떨리는 목소리에, 정직한 마음이든 나쁜 마음이든 순간의 결정은 온전히 내 몫이 되었다. 차를 두 번 타고 가야 해서 3,000원이 필요하다는 그에게 5,000원과 사무실 명함을 같이 건넸다. 그러면서도 적은 금액이지만 마침 현금을 가지고 있어서 다행이라는 생각이 들었다.

밤이 되니 오후에 찾아왔던 그 친구가 집에는 잘 갔는지 궁금해졌다. 내일 오전에 꼭 연락하겠노라고, 정말 감사하다고 인사하며 흔들리던 목소리가 자꾸만 생각났다. 추운 날씨 때문에 더 보태진 여린 마음일지도 모른다. 그러면서도 집에 잘 도착했다면 내게 문자 정도는 해야 하지 않을까 하는 부질없는 마음이 살며시 고개를 쳐들었다. 물론 처음부터 청년을 믿고 싶은 마음이 컸지만, 그 근원이 무엇인지는 정확히 모르겠다.

 가족과 떨어져 혼자 살고 있다면, 더욱이 전화기조차 잃어버렸다니 연락을 못 하는 게 당연할 것이라고 헤아린다. 그러면서도 내심 고맙다는 인사가 오기를 기다렸었는지 잠자리에 들 때까지도 아무 소식이 없어서 일종의 서운함이 슬며시 파고들었다. 5,000원 때문에 오히려 내 마음만 불편해지고 말았다.

 이튿날 해가 지도록 그 청년으로부터는 연락이 없었다. 크지도 않은 작은 도움을 받으려고 그렇게까지 해야만 했는지, 순수한 믿음에 대해 돌아온 배신의 크기가 만만치 않아서 아쉽기만 하다. 그러고 보니 단호한 거절도 기술이 필요한 능력이구나, 하는 생각이 든다. 그런데 만약, 그 청년을 그대로 돌려보냈다면 어땠을까. 어쩌면 두고두고 더 오래도록 내 마음이 불편했을지도 모를 일이다.

 잊어버리기로 했다. 그래, 잠시 기웃거리던 서운한 마음일랑 오늘로 끝이다.

207 - 바람

　백과사전에 보면 바람은 기후와 날씨를 결정하고 조정하는 중요한 역할을 한다는 설명이 있다. 또한 요한복음에도 바람은 불고 싶은 대로 분다고 나와 있다. 그런 바람처럼 요즘 내 마음속으로 나를 조절하는 기분 좋은 바람이 들어왔다. 한 가지도 아닌 두 개의 바람이다.

　나이가 들고 보니 시간의 흐름이 더욱더 빠르게 느껴지는데 내게 불어온 신바람 때문인지 마치 모터가 돌아가듯 일주일이 빠르게 지나간다. 이번 주말을 유독 기다리는 이유는 내 바람의 첫 번째 대상인 파크 골프라는 운동을 하기 위해서다. 파크 골프는 말 그대로 공원에서 하는 골프 놀이다.

　1984년 일본 홋카이도에서 처음 시작되었고 남녀

노소 누구나 함께 할 수 있는 운동이며 골프의 규칙과 방식을 그대로 옮겨 놓은 미니 골프다. 장비나 시간에 크게 구애받지도 않으며 홀과 홀 사이 거리도 짧아 부담도 없다. 골프에서 예의를 최우선시하듯이 같은 규칙과 용어를 사용하지만 여러 개의 채를 사용하는 골프와 달리 단 1개의 골프채만으로 티샷에서 퍼팅까지 할 수 있다.

 무릎이 안 좋은 나도 무리 없이 할 수 있어서 우선 좋고, 뭐니 뭐니 해도 가장 큰 매력은 바로 비용이 안 든다는 것이다. 파크 골프장은 누구나 이용할 수 있는 공원을 이용해서 만들어 놓은 시설이다. 그 때문에 전문적인 큰 기술이 없어도 쉽게 접근할 수 있다. 거기에 재미와 건강을 함께 지킬 수 있으니 더욱 근사하다. 생활 수준이 높아지고 사람들의 수명이 점점 길어지다 보니 생겨난 파크 골프는, 지역마다 퍼진 편리한 생활 체육 중 하나인 셈이다. 지방으로 내려갈수록 넓은 공간에 마련된 훌륭한 공원시설이 많아서 오히려 도시보다 더 혜택이 많다고 한다.

나는 그동안 운동을 좋아하지 않았다. 풀어야 할 과제만 같던 운동을 재미와 즐거움으로 만날 수 있다 보니 내게 불어온 이 바람이 더욱 감사하다.

나는 오래전에 잠시 골프를 했었다. 대학에서 골프를 전공하는 딸과 골프 티칭 프로 자격증까지 준비하던 남편 사이에서 말 그대로 그냥 자연스럽게 따라서 시작했었다. 내 가까운 사람들이 즐기는 운동이었지만 오래도록 흥미로 다가오지 않았다. 사실 운동 소질이 없는 상태에서 재미까지 따라 주지 않다 보니 운동과 취미란 이름으로 의미 없는 많은 시간을 보내고 말았다. 마치 하기 싫은 과제를 풀어야 하는 것처럼 지루하게 연습장만 다녔다.

그러던 어느 날부턴가 연습장 가는 재미가 생겼다. 바로 그녀를 만나기 위해서였다. 스윙도 프로처럼 멋지고 여자인 내가 봐도 매력적인 그녀와의 만남이 늘 즐거웠다. 매일매일 비슷한 시간에 운동하다 보니 그곳에서 자주 만나게 되었고, 나이도 나와 비슷해서 우린 금세 친할 수 있었다. 비록 내가 골프에 큰 재미를 느끼지는 못했지만, 골프가 맺어 준 인연이 바로 지금 '문학의봄'에서 같이 활동하는 김 시인이다. 지금 생각해 봐도 그녀는 내가 골프를 하며 만난 가장 큰 기쁨이다.

 어제는 크게 맘먹고 오래도록 방치해 놓은 장승같은 골프채와 이별을 했다. 미련이란 이름으로 먼지처럼 켜켜이 쌓였던 남은 기억마저도 훌훌 털어 버리고 인제 그만 잊으려고 한다. 새로운 운동 파트너인 파크 골프와 더 좋은 만남을 갖기 위해서다.

 두 번째로 내게 온 바람은 바로 하모니카다. 얼마 전까지만 해도 하모니카 하면 지하철에서 구걸하며 불던 맹인의 구슬픈 연주 소리가 먼저 떠오르곤 했다. 그런 갇힌 느낌에서 벗어날 수 있었던 것은 문학의봄을 대표하는 회장님의 하모니카 공연을 보고 난 다음부터다. 불꽃처럼 화려한 기술과 흥미로운 예술성으로 늘 우리를 매료시키던 회장님의 때와 장소를 가리지 않는 하모니카 연주는 언제나 감동으로 다가왔다.

남몰래 하모니카의 매력에 빠져 있던 내가 마침내 기초반부터 시작하는 강좌에 참여하게 되었다. 부푼 마음으로 시작은 했지만, 저녁 시간 주어진 틀 안에서 취미 생활을 하다 보니 주부로 아내로 직장인으로 이겨 내야 할 버거운 삶의 무게가 기다리고 있었다. 월요일과 수요일, 일주일에 두 번 저녁 시간을 오롯이 하모니카 배우기에 할애하다 보니 그만큼 집으로 가는 시간이 늦다. 바깥 활동이 많아지는 만큼 집에서 보내는 시간이 점점 없어지고 남편과 함께하는 시간도 점점 줄었다. 농담인 듯 스치는 친구의 말처럼 자주 만나지 않아서 우리 부부 사이가 좋다는 우스갯말이 어쩜 사실일지도 모른다.

 회사에서 늦는 날도 있고 하모니카 수업이 있어서 늦기도 하다 보니 초저녁잠이 많은 남편은 내가 집에 가면 잠들어 있는 날이 더 많다. 만약에 아내가 들어오는 시간만을 기다리고 있다면, 더구나 매일매일 아침저녁을 늘 내가 준비해 줘야 한다면 여유로운 취미 생활은 생각도 못 했을 것이다. 내가 늦더라도 나를 기다리지 않고 자는 남편이 늘 고맙다. 아들딸이 결혼

하여 분가하고 식구도 없으니 음식을 만드는 기회도 줄었다.

요즘엔 요리 방법도 인터넷 도움으로 참고하는 형편이다. 그래서 남편으로부터 통보를 받았는데, 그냥 아무것도 하지 말고 공주처럼 살란다. 그 말을 그대로 받아들여도 되는지 조금 의심스럽지만 나는 그냥 눈치 없이 살기로 했다. 부족함을 감싸 주는 남편의 배려에 최고의 금메달을 주고 싶다.

이젠 염려와 걱정의 나날에서 하나둘 마음의 여유와 편안함으로 변해 가는 시간이 그저 넉넉하면서도 귀한 행복이다.

208 - 반려동물

 이사를 하려면 그 댁의 살림살이와 사는 곳의 작업 조건을 미리 살펴야 한다. 내가 하는 주 업무는 아니지만, 보조 업무의 연장선으로 나도 가끔 고객 집의 방문 견적 작업을 하러 간다. 그 과정에 많은 반려동물을 만나게 되는데 그때 알았다. 사람들도 받지 못하는 극진한 대접을 누리는 고급 신분의 반려동물이 많다는 것을….

 그중에서도 가장 놀라웠던 일은 "1순위가 고양이이고 그다음이 가족"이라고 자랑스럽게 말하는 고객을 만난 경험이다. 그 일은 오래도록 잊히지 않는 기억 중 하나다. 자녀를 둔 가장의 말이었기에 더 충격으로 남았는지 모른다. 고양이가 지내는 전용 공간은 10여 평 넘고, 특별 제작된 캣 타워를 비롯해 다양한 놀이기구와 마트를 능가하는 식품과 장난감 진열장까지 있었다. 갖가지 호사를 누리는 그 고양이가 일순 부럽기까지 했던 기억이 있다.

 반려동물을 돌보기 위해 그만큼의 노력과 고충이 따르긴 해도 그 이상의 기쁨과 즐거움, 그리고 보람이 있다고도 했다. 고양이에게 쏟는 그의 정성이 감동이긴 했지만, 한편으로는 왠지 쓸쓸함으로 다가왔다.

 반려동물은 자기를 좋아하는 사람을 조건 없이 따른다. 함께 생활하는 사람 가족들은 반려동물의 엄마, 아빠가 되고 언니, 오빠, 누나, 동생이 되어 함께 어우러지는 진지한 가족 구성원이 되는 요즘이다. 한 가족처럼 사람과 더불어 살아가는 반려동물에 관한 관심이 그 어느 때보다 늘어난 것은 무엇보다 우리 사회가 여러모로 다양하게 변하고 있음을 뚜렷이 증명해 준다.

 물론, 사람과 똑같은 존재가 아니기 때문에 '반려'라고 부르기에는 많은 무리가 있다는 반대 의견도 있다. 하지만 그 문화는 이미 우리 생활 깊숙이 밀접하게 다가와 있다. 흥미롭게 지켜보는 방송에서 종종 놀라운 능력을 갖춘 반려동물을 보게 된다. 신비로운 그 모습은 주인의 노력과 사랑, 정성과 관심에서 비롯되었을 것이다. 인간 사회에도 특별히 붙임성이 좋고 적극적인 사람들이 더러 있는 것처럼 반려동물도 저마다 달라서 자기 귀여움을 스스로 받는구나 싶었다.

 남편에게 우리도 반려견을 키우자고 하면 적극적으로 찬성할 것이다. 그러나 아픈 이별 기억 때문에 다시는 겪고 싶지 않은 일 중 하나가 돼 버린 게 '반려견 키우기'다. 내가 반려견을 키워 본 것은 두 번이다. 결혼해서 시어른과 함께하는 신혼살림을 살게 되었을 때, 그때 시댁에서 키우던 강아지를 만나 키운 것이 처음이다. 마당 한쪽에 조그마한 단독 기와집 한 채를 차지하고 주인을 반갑게 잘 따르다 보니 귀여움을 독차지하던 정겨운 바둑이었다. 그러나 그만 교통사고로 잃고 말았다.

 또 한 번은 이웃 지인이 강아지를 키워 보겠냐고 해서 만난 푸들이었다. 그때 초등학교에 다니던 아들과 딸이 무조건 찬성해서 이번에는 집 안에서 고급스럽게 키우기 시작했다. 함께 따라온 이름이 핼프였다. 오래전 바둑이를 밖에서 키울 때와는 다른 애정이 생겼지만, 그만큼의 수고와 비용이 따라왔다.

집 안에서 함께 지내다 보니 핼프는 가족들의 일거수일투족을 모두 파악하고 행동했다. 그 개가 우리 가족들에게 가장 사랑받던 행동은, 빈집에 혼자 남아 있을 상황을 알아차리고 마지막으로 외출하는 식구가 나가려고 준비하면, 자기가 종일 지내야 하는 안전 펜스 그물망으로 스스로 들어가던 모습이었다. 그 모습이 어찌나 귀엽던지 자랑거리가 되곤 했다.

식구 중 누구라도 저녁 일찍 집에 오면 상관없지만, 간혹 모두 늦게 들어올 때면 혼자 있을 핼프가 걱정이 되어서 자연히 귀가를 서둘러야만 하던 그때의 기억이 아직도 새록거린다. 그렇게 2년 가까이 기쁨과 즐거움을 나누며 지내던 핼프는, 우리가 이사하며 부득이한 사정으로 시누이댁에 입양 보내졌다. 그 후 오랫동안 그리움이란 이름으로 핼프앓이를 했었다.

지금 근무하는 곳에도 대형견 두 마리가 있다. 온순하고 조용하다. 성품도 좋고 행동도 바르고 거기에 생김새도 멋스럽다. 지나가는 사람들도 한 번씩 카메라에 담아 가는 인기 많은 진돗개 남매다. 사장님께서 12년을 키우셨다 하니 사람 연령으로 치면 일흔 가까운 나이라고 한다. 아침에 출근하면 반가운 인사부터 먼저 나누게 되니 이젠 직장 동료와 같은 친근함마저 든다.

아이러니하게도 아무렇게나 버려지고 학대받는 반려동물의 수가 많은데도, 아직도 동물 학대와 유기에 대한 처벌은 미약하다고 한다. 동물보호단체에서는 동물보호법이 더 강화되어 도덕과 윤리에 어긋나는 행위를 방지해야 한다는 목소리를 높이고 있으며 국회에서도 동물보호법이 제정되긴 했다.

간혹 사람에게 쏟는 정성보다도, 더 많은 손길을 받는 반려동물의 경우를 보면서, 주변에 소외된 이들에게도 사랑과 관심과 보살핌이 부족하지 않기를 바라는 마음이다.

209 - '손 없는 날' 실수

인재는 타고난 재능과 후천적 노력으로 탄생한다고 한다. 인재가 아니라서 우수하지도 못하고 재능도 없는 나에게 요즘 들어 건망증이 제대로 들러붙어서 우울하기만 하다. 건망증으로 실수할 때마다 둘러대는 유일한 핑계가 엄마가 노산으로 나를 낳아서 그런지도 모른다는 실로 어처구니없는 변명이다. 그러나 그도 틀린 것이 돌아가신 엄마의 기억력은 아주 우수하셨다. 글을 잘 모른 채 평생을 사셨지만, 이웃집 기제사며 마을 어른들 생신날까지도 다 기억하고 계셨던 엄마이고 보니 아무래도 엄마를 탓하는 것은 죄스러운 일이다.

얼마 전 젊은 여성의 알츠하이머를 다룬 드라마 때문에 더욱 경각심이 생긴다. 요즘 들어 건망증 때문에 자주 곤경에 처하게 되면서 슬며시 염려도 되고 두렵기까지 하다. 한번은 퇴근 후 정류장까지 와서야 사무실에 지갑을 두고 왔다는 것을 알게 되었지만, 교통카드가 있고 사무실로 돌아가기도 귀찮아서 그냥 집으로 향했던 적이 있다.

그런데 이튿날 아침에 버스를 타려는데 교통카드가 없었다. 바쁜 아침 시간에 버스를 두 대나 보내며 가방을 다 뒤져 보았지만, 교통카드는 나오지 않았다. 집에 다녀오자니 회사에 지각할 시간이어서 무작정 버스를 탔다. 두근거리는 마음을 누르고 버스에 올라 "지갑을 두고 왔는데 출근 시간이 늦어서 그냥 탔습니다. 죄송합니다." 하곤 버스 기사님의 허락도 없이 안으로 들어가 버렸다.

버스 기사의 눈총을 애써 외면하며 자리에 앉고 나니 그제야 자초지종이 생각났다. 지갑은 전날 사무실에 두고 왔고, 그날 아침에는 교통카드를 전날 입었던 청재킷에 넣어 둔 사실을 잊은 채 다른 옷을 입고 나온 것이었다. 용감하게 버스를 탔지만, 종점까지 가야 하는 긴 시간이 마냥 불안하기만 했다. 가까운 거리에

동료가 살고 있어서 출근 버스에서 종종 만나는데 제발 오늘 차 안에서 만날 수 있기를 내심 기다리고 있었다. 그때 '언니 저 10분 정도 늦을 것 같아요'라는 메시지가 왔다. 할 수 없이 요금 내는 것은 포기하고 아줌마의 강심장으로 출근했었다.

그런 일이 있고 나서 며칠 지나지도 않았는데, 나의 건망증이 또다시 대형 사고를 치고 말았다.

예로부터 귀신이나 악귀가 돌아다니지 않아 인간에게 해를 끼치지 않는 좋은 날을 '손 없는 날'이라고 한다. 음력으로 9일과 10일을 말하며 보통 한 달에 6번 정도 해당하는 날이다. 이사와 결혼식 같은 날짜를 정할 때 기준으로 삼고 있는 민속신앙으로 내려오는 날이기도 하다. 반대로 '손 있는 날'엔 악귀들이 그 날짜와 방향을 바꿔 옮겨 다니며 손해를 입히거나, 훼방을 놓는다고 믿으면서 그날에는 이동을 꺼리는 것이 오랜 전통이다.

기억 속에 잊지 못할 뿌리가 되어 있는 날이 바로 '손 없는 날'이다. 내가 근무하는 회사는 이사 대행업체다. 그날 오전 9시도 안 된 시간에 용인 죽전에 사는 고객으로부터 전화가 걸려 왔다. 전화를 받자마자 고객은 막무가내로 화를 냈다. 나는 차분하게 무슨 일 때문에 화를 내는지 물었다. 고객은 "이사 차량이 도착한다는 시간이 한참 지났는데 도대체 몇 시에 올 거냐?"라며 빨리 보내라고 난리를 쳤다.

그날이 고객이 이사하는 날인데 정작 이사 작업을 해야 하는 직원들은 까맣게 모르고 있었다. 고객은 그 사실도 모르고 이사업체가 빨리 오기만을 기다리고 있는 상황이 벌어진 것이었다. 사건의 범인이 나였다. 작업 하루 전에 내일이 이삿날이라고 고객에게 전화로 안내까지 해 놓고 현장 팀에 전달되는 날짜에는 다른 날로 표시한 것이었다. 좀 늦게 도착하는 것도 화를 내는 고객에게 일이 그토록 한참 어긋났음을 어떻게 설명해야 할지 무섭고 두려웠다.

그렇지만 머뭇거릴 상황이 아니었다. 화가 무척 난 고객에게 내 실수로 작업 지시가 잘못되었음을 솔직하게 고백하고 양해를 구했다. 이사라는 것이 한쪽에서만 하는 것이 아니고, 대부분 한날에 나가고 들어오게 마련이다. 두 집이 한꺼번에 움직이게 되니 한쪽에서 차질이 빚어지면 다른 한쪽도 이사를 못 하는 난감한 피해를 보게 된다. 그러니 사과를 한다고 해서, 고객이 이해해 준다고 해서 해결된 일이 아니다. 무슨 수를 써서라도 고객이 이사를 할 수 있도록 해 주어야 할 일이었다.

여러 차례 변명과 사과를 하고 상황이 이렇게 되었으니, 최선을 다해 빨리 수습해 보겠다고 말하고는 전화를 끊었다. 곧장 수도권에 있는 각 지점으로 지원을 요청했다. 하지만 일손을 구할 수 없다는 대답만 돌아와서 속을 태우게 했다. 그날따라 이사를 가장 많이 하는 '손 없는 날'이어서 어느 업체건, 일손 부족으로 지점장까지 현장에 나가 뛰어야 하는 판이었기 때문에 상황은 더욱 난처해졌다. 고객의 집에서는 가족이 돌아가며 독촉 전화가 걸려 왔다. 지푸라기라도 잡겠다는 심정으로 혹시나 하면서 여기저기 구원의 손길을 찾는 사이 오전 시간이 훌쩍 지나갔다.

급기야 짐조차도 싸지 못하고 있는 그 댁으로 들어올 이삿짐이 도착했다는 고객의 호통이 날아왔다. 과연 이 일을 어떻게 헤쳐 나갈 것인지, 체념도 포기도 할 수 없는 처절한 절망만이 있을 뿐이었다. 이제까지 한 번도 이런 일이 없었다는 회사 측에도 면목이 없었다. 타임머신으로 시간을 되돌릴 수만 있다면 정말 좋겠다는 어처구니없는 생각까지 하며 자책하고 있었다. 그때 뜻밖에도 고객이 한 가지 제안을 해 왔다.

고객의 말인즉슨, 지금까지 회사에서 해결해 주길 기다렸는데 자신들이 직접 다른 이삿짐 업체에 작업할 수 있는지 알아볼 테니 이사 비용이 얼마가 되든지 회사가 보상하라는 것이었다. 당연히 그렇게 하겠다고 대답했지만, 그 방안도 마냥 기대할 수 있는 형편은 아니었다. '손 없는 날'이어서 다른 이삿짐 업체도 구하기가 쉽지 않을 터였다. 나야 건망증에 대한 벌을 받느라고 애를 태우고 있었지만, 짐을 빼야 하는 고객의 입장은 더욱 황당하고 기가 막혔을 것이다.

간절함이 통했는지 얼마 후 고객에게서 연락이 왔다.

정말 다행스럽게도 이삿짐 업체를 구했으니, 우리 회사에서 제시한 금액보다 추가되는 차액을 보내라는 것이었다. 그렇게 대형 사고는 가까스로 마무리되었다.

처음 고객에게 전화가 걸려 온 그 순간은 태풍이 밀려오는 듯했고, 고객의 가족이 돌아가며 호통을 칠 땐 지진이 나는 듯했다. 도저히 작업이 안 된다는 각 지점의 통보가 전해지는 순간에는 쓰나미가 밀려오는 느낌이었다. 성난 파도는 파동을 멈추고 태풍의 눈은 사라졌지만, 수마가 할퀸 듯한 찢긴 마음은 끝없이 표류를 거듭한 하루였다. 다음 날 아침, 고객에게 '이사는 잘하셨는지요? 어제는 정말 죄송했습니다. 새 보금자리에서 더욱 행복하시길 바랍니다.'라는 문자를 보내고 나니 한결 마음이 편안해졌다. 한 번 더 확인했더라면 하는 아쉬움에 몸부림치고 거품처럼 사라지지 않을 듯하던 긴 하루의 흔적이 어둠 속으로 물들어 갔다. 그날따라 오래도록 머물러 준 가을 노을이 그나마 나를 위로해 주었다.

혼쭐을 쏙 빼놓을 만큼 당황하고 초조하게 만들었던

그 사건 이후로 업무에 대해서는 한 번 더 확인하는 바른 습관이 생겼다. 그러나 아직도 착 달라붙은 이놈의 건망증은 여전히 크고 작은 말썽을 부리고 있다.

210 - 쌀뜨물

 아직 가을 추수가 끝난 것은 아니지만 작은 양의 햅쌀을 샀다. 올해 수확한 햅쌀밥을 먹으려니 생각만으로도 즐겁다. 햇곡식이야 무엇이든 맛있기 마련이지만 그중에 가장 으뜸은 햅쌀이 아닐까 한다. 단정하게 다물고 있는 봉투를 뜯었다. 한 줌 쥐어 보니 돌 지난 손주 볼처럼 보드랍다.

 주부로 지낸 시간으로 보면, 많은 것을 다 능숙하게 잘해야 할 세월인데, 나는 그렇지 않다. 식구가 적으니 당연히 뭐든지 적게 조금씩 하고, 음식도 자주 하지 않아서 더욱 그러하다. 최근에는 식구에 비해 큰 용량의 밥솥이 버겁다고 생각하고 있었는데 미움받는다는 걸 알았는지 잘 써 오던 밥솥이 그만 고장이 나고 말았다.

그러지 않아도 작은 용량으로 바꾸고 싶어서 벼르고 있던 참이고, 수리마저 안 된다니 무슨 고약한 마음인지 그것마저 반가웠다. 그동안 마음에 두고 있던 밥솥을 기쁘게 샀다. 밥솥 크기가 소꿉장난에 어울릴 정도로 작고 사랑스럽다. 즐거운 주방 놀이가 되어 새로운 재미를 준다.

햅쌀과 밥솥 두 가지를 새롭게 익혀야 한다. 물은 많이 먹는지 적게 먹는지 아직 쌀의 성질을 모르니 물 조절에도 신경이 쓰였다. 밥솥에 따라온 계량컵으로 쌀 1컵을 씻어 넣고, 표시된 물 높이 눈금까지 확인하며 새 조리기구의 용량과 지시에 따라서 낯선 기능을 익히느라 애를 먹는다. 마치 무슨 심사를 받는 느낌이다.

햅쌀에는 보기만 해도 기분 좋은 쌀뜨물이 있다. 묵은쌀에서 느낄 수 없는 맑고 뽀얗게 우려낸 사골 육수 같은 쌀뜨물을 보니 엄마 생각이 났다. 고춧가루를 씻어 낸 묵은 김치와 무김치에 쌀뜨물을 넣고 들기름과 새우젓으로 맑고 담백하게 끓여 주던 엄마표 찌개는, 어디에서도 맛볼 수 없는 그리운 음식이 되었다. 겨우

한 컵의 쌀을 씻으며 사골같이 우러난 쌀뜨물을 보며 잠시 추억에 젖어 본다.

누구에게나 자신이 좋아하는 특정한 음식을 하나씩 간직하고 있으면 좋다고 한다. 두 개 세 개가 아닌 단 하나의 음식만으로도 나를 위로해 줄 수 있으므로, 상처받은 마음 치유에 도움을 준다는 심리 상담가의 이야기에 공감했다.

내게도 그런 음식이 있다면 무엇일지 곰곰이 생각해 보았다. 눈으로 즐겁고 맛으로 화려한 요리도 좋지만, 어린 시절이 떠오르는 그리운 추억이 묻어 있는, 익숙한 맛이 바로 나를 위로하며 달래 주는 음식이 아닐까 싶다. 맛에는 그리움도 있고 보고 싶음도 있다는 것을 다시 깨닫는 하루다.

211 - 연주회를 다니며

며칠 전에 헝가리 부다페스트 페스티벌 오케스트라의 감동적인 공연이 있었다는 기사를 읽었다. 오케스트라는 공연에 앞서 5월 다뉴브강 희생자를 추모하는 마음으로 우리나라 가곡 '기다리는 마음'을 연주했다. 이반 피셔 지휘자는 한국인과 슬픔을 함께하고 싶다는 메시지를 전해 왔고 연주가 끝나더라도 희생자를 추모하는 마음으로 박수는 치지 말아 달라고 당부했다고 한다. 박수 대신 곡이 끝난 후 1분에 가까운 시간 동안 정적을 이어 가며 희생자를 애도했다. 평소 같으면 연주회에 박수가 없다는 것은 상상할 수 없는 일이다.

희생자를 추모하는 뜻에서 박수를 치지 말도록 요청했다는 소식이 신선하게 다가왔다. 음악회라는 곳은 그 어느 장르보다 많은 박수가 나오는 곳이다. 침묵이 흐르고 있을 공연장의 무대와 객석이 잠시 스쳐 간다. 정적이 흐르고 있을 가슴 뭉클한 그 모습을 떠올리며 그동안 내가 다녔던 연주회 기억이 하나둘 생각난다. 나는 한 해에 두세 번 내 음악 지식에 상관없이 고급스러운 음악회를 다녔다. 감사하게도 가까운 지인 덕에 누린 호사다.

 오래전 처음 음악회를 갔을 때 무채색으로 다가오던 경건한 분위기는 마치 안 맞는 옷을 입은 것처럼 어색하기만 했다. 그 낯선 느낌에 마음마저 부동자세가 되는 것 같았다. 그러던 나였는데 요즘 음악회에 가서는 수채화처럼 멋스럽게 익숙하다. 공연장 분위기에 익숙지 않아서 눈치 보기에 급급하던 오래전 나의 모습이 여전히 떠오르지만 그런데도 놀랍도록 흥미롭던 그날의 장면은 지금도 인상 깊게 자리하고 있다.

 나 혼자의 몫이던 부끄러움도 이제는 행여 다른 이들이 실수하지 않을까 하는 몹쓸 염려가 되어 조바심을 일으켰다. 교향곡과 협주곡에는 3악장과 4악장으로 되어 있는 곡이 많다. 성악은 한 곡이 끝날 때마다 보통 박수를 치지만, 연주회에서는 모든 악장이 끝난 후에 박수를 친다. 박수를 칠 때와 박수를 안 칠 때의 의미를 모른 채 첫 공연을 봤었다. 박수를 제한하는 그 이유가 공연 중에 치는 필요 이상의 박수는 흐름을 끊게 되고 오히려 연주를 방해하기 때문이란 걸 차차 알게 되었다.

그래도 열정적이고 감동적인 공연을 보면서 순간순간 박수를 참아야 하는 것이 오히려 감정의 고통이 되기도 한다. 비(非)음악인으로서 무지한 개인적인 바람일지 모르지만, 악장 사이의 박수에도 그리 민감하지 않았으면 좋겠다는 어설픈 생각을 한다. 아마도 나 혼자 외치는 어리석은 주문에 지나지 않을 것이다. 예체능으로 인정받기까지 쏟아부어야 하는 무한한 노력의 고단함을 나는 잘 안다.

우리 집에도 일찍이 중학교 때부터 골프를 시작한 딸이 걸었던 길이 바로 그 길이다. 그 여정이 얼마나 많은 인내와 고통을 동반하는지 그 누구보다도 잘 알기에 소리 없는 마음의 박수로 연주자에게 경의를 표

한다. 여러 종류의 음악회가 있지만 내가 좋아하는 공연은 아무래도 레퍼토리에 대중적인 곡이 많은 음악회다. 그런 공연일수록 더 신나고 감동스럽다. 또한 듣고 보는 연주회의 재미와 즐거움을 좌우하는 요인으로 지휘자를 빼놓을 수 없다. 지휘자는 공연을 기다리는 관객의 입장에서 언제나 기대와 설렘을 일으키는 변수가 된다.

지휘자의 팔 움직임은 단원들에게 보내는 음악의 강약과 박자를 조절하는 사인이자 관객에게 보여 주는 팬 서비스다. 지휘봉을 들지 않는 왼손을 치켜들면 보통보다 강한 연주를 하라는 뜻이다. 또한 지휘자가 양손을 강하게 내리면 그 부분에서 더욱더 강하게 연주하고 잠시 쉼표를 지키라는 표시다. 전문가로부터 알기 쉽게 풀이한 해석을 듣고 난 다음, 공연에서는 지휘자와 단원 간에 무언의 대화가 무수히 오고 간다는 사실을 알게 되었다.

연주회가 더 재미있어졌다. 객석에서 볼 때 제1바이올린 앞자리, 즉 지휘자의 왼쪽 자리가 악장이다. 바로 그 악장이 오케스트라를 대표하는 사람이다. 연주하는 중간에 지휘자가 악장과 악수하는 것을 자주 보게 되는데 그것은 오케스트라 단원 전체에게 인사하는 것이다. 지휘자가 파트별로 연주자들을 자리에서 일으키는 것은 관객의 박수에 대해 답례를 하는 것이고, 솔로 연주가 있었을 경우 솔리스트를 자리에서 일으키기도 한다.

 현악기, 목관악기, 금관악기와 타악기, 웅장한 오케스트라의 악기와 단원들의 움직임이 연주회 시작을 알리며 등장하고 악장과 지휘자가 등장하면서 잔치가 시작된다. 2시간의 공연 시간은 언제나 배속(倍速)의 흐름으로 지나곤 한다. 내가 다 알 수 없는 흥미로운 규칙들 속에서 경이롭고 아름다운 연주회의 여운을 바탕 삼아 음표도 잘 읽어 내지 못하면서 예순 가까운 나이에 용감하게 피아노를 배우기 시작했다. 주 1회 짧은 시간의 피아노 레슨이지만 그 시간을 기다리는 한 주일이 즐겁다.

 굳은 손마디로 조금씩 연결되는 리듬을 연주하는 것

만으로도 큰 행복이다. 음악회는 연주자와 관객의 교감으로 이루어지는 잔치다. 공연을 보고 난 어느 날 우리들의 삶도 앙코르가 있으면 좋겠다는 유쾌하고 재미있는 상상을 해 본 적이 있다. 잘 진행된 연주회처럼 삶에서도 박수받으며 살아가고 있는지, 앙코르를 받고 싶은 다시 살고 싶은 시절은 언제였는지 문득 되돌아보는 여름밤이다.

212 - 퇴근길에

 오늘은 다른 날보다 1시간 늦은 퇴근을 했다. 집으로 가려고 화서역에 도착했을 때 상행선 열차도 나와 동시에 역사로 들어오고 있었다. 예전 같으면 조금 무리하게 달려서라도 그 차를 타고 말았을 테지만, 이젠 달리고 싶은 건 충동일 뿐 애써 겸손하게 마음을 접는다. 다음 열차를 이용하자고 조바심을 내려놓으니 조급함도 없어지고 놓친 열차에 대한 아쉬움도 사라졌다. 게다가 겨우 뒷모습만 보여 주고 흔적도 없이 달아난 열차는 내가 내려놓은 미련보다도 더 냉정한 듯싶다.

 철 지난 텅 빈 바닷가가 연상되는 한적한 플랫폼에 나 혼자 점(點)을 찍는다. 집으로 가는 길이 좀 늦어진 대신 복잡한 시간을 피한 한산함은 여유와 편안함이라는 색다른 맛을 알게 하는 시간이다. 다음 열차가 도착하려면 10분 정도를 기다려야 한다. 그 사이 잠깐의 시간이 지났을 뿐인데 텅 빈 벤치에도 색칠하듯 하나둘 자리가 채워지고, 역을 무정차 통과하는 상하행선 기차는 목청 높여 소리 지르며 세월처럼 빠른 속도로 몇 차례 사이좋게 지나갔다.

저마다 고된 하루를 보냈지만, 근무시간을 견뎌 내게 하는 힘은 집으로 돌아가는 지금의 즐거움에서 나오는 것일지도 모른다. 나 역시 마찬가지다. 겨우내 무채색에 익숙했던 환경에서 매일매일 새롭게 달라지는 거리 풍경이 재미있어지는 봄이어서 그 어느 때보다도 출퇴근이 즐거운 요즘이다. 무정차 기차들의 가쁜 기적 소리도 잠시 호흡을 가다듬는 듯 플랫폼에도 짧은 정적이 고였다. 바로 그때 어디선가 그 고요의 틈 사이로 말다툼 소리가 들려왔다. 상행선 방향으로 내려오는 두 분이 다투는 소리였다.

등산 가방을 메고 초록과 노란색이 어깨와 무릎에 사선으로 이어진 옷차림을 보니 근교에 등산을 다녀온 듯 보이는 노부부에게로 열차를 기다리던 모두의 시선이 겹겹이 포개졌다. 아마도 역에 도착하기 전부터 큰소리가 오고 갔음이 어림짐작된다. 아저씨의 얼굴은 취기(醉氣)에다가 화(火)가 더해진 까닭인지 벌겋게 달아올라 있었다. 왜 다투고 있는지 내막을 알 수 없지만 관객의 입장에서 볼 때 말다툼의 승자는 이미 아저씨 쪽으로 기운 듯하다.

계단을 다 내려온 아저씨의 어깨 위에서 눈 저울로 보아도 20킬로그램은 돼 보이는 소금 자루가 부아의 무게만큼 둔탁한 소리를 내며 플랫폼 의자에 내동댕이쳐졌다. 동네에서 조금만 더 주고 사면 될 것을 먼 데까지 와서 이 고생을 시키느냐는 게 아저씨의 말씀이었고, 돈이 문제냐 믿을 만한 곳에서 좋은 제품 사느라고 그랬다는 게 아주머니 힘겨운 설명이었다. 말다툼의 소재가 다름 아닌 소금 때문이란 것을 알 수 있었고 플랫폼에 마련된 의자 양 끝에 나누어 앉아서도 두 분의 신경전은 한동안 이어졌다. 그래도 좀 전보다는 한결 낮은 목소리다. 퇴근하는 길이었던 나는 우연히 근처에 있었다는 이유 하나로 두 분의 불편한 언쟁을 들어야 했고, 그 모습을 보는 것도 불편한 처지가 되었다.

무안하기도 하고 못 들은 척 딴전을 부리는 중에 전광판에 뜬 청량리행 열차가 전 전역을 통과했다는 안내가 그 어느 때보다도 반가웠다. 친절하게도 여러 번 반복해서 알려 주는 전광판을 바라보던 바로 그때 거듭되던 아저씨의 핀잔이 마치 정지 버튼을 누른 듯 뚝 그쳤다. 그제야 집으로 가는 반대 방향으로 잘못 알고 내려왔음을 알게 되었기 때문이었다. 왜 확인하지도 않고 내려왔냐고 또다시 서로에게 원망이 오간다.

방향을 확인하지 않고 잘못 내려온 것은 분명 두 분 모두의 잘못이다. 그러나 소금 자루를 메고 다시 육교를 넘어야 하는 아저씨의 말투에는 아주머니가 더 큰 책임을 져야 한다는 책망이 들어 있었다. 아저씨의 불만이 20킬로그램짜리 소금 자루 무게보다 더 무거워졌다. 그렇지 않아도 다툼의 원인이 무거운 소금 자루였는데 또다시 그걸 메고 힘든 계단을 올라가게 생겼으니, 옆자리 이웃인 나는 저러다가 소금 자루를 버리고 가 버리면 어쩌나 하는 괜한 조바심이 났다. 나의 조바심과는 달리 바로 아저씨가 소금 자루를 어깨에 올린다. 아저씨의 마음에 화가 보태진 것은 분명하지만 내 염려와는 달리 빠른 체념을 한 모양이다.

똑같은 무게였어도 좀 전보다 더 짙은 무게를 이겨 내야 할 아저씨를 보며 이유 없이 그이의 체념이 내 일처럼 감사했다. 소금을 사고 싶어 했던 아주머니는 당신의 결정 때문에 지속되는 원망과 호된 불만도 참아야 했고, 엉뚱하게 잘못 내려온 플랫폼의 방향 책임마저도 모두 다 짊어져야 할 아주머니가 애처롭기만 하다. 결국 소금을 산 아주머니의 선택도 모두 가족을 위한 마음에서 우러난 결정일 텐데 말이다. 편 가르기를 표시하지 않았어도 나는 진작 아주머니 편에 서 있었나 보다.

한결 더 작아진 모습으로 아저씨의 그림자를 따라가시는 아주머니께 뒤쪽에 승강기가 있다고 안내해 드렸다. 아무래도 계단보다는 승강기를 이용하면 수월하지 않을까 싶었고 그러면 아주머니의 마음도 한결 가벼워질 수도 있겠다 싶어서였다. 아주머니는 반가움에 큰 목소리로 승강기로 가자고 했지만, 아저씨는 당신 자신을 더 힘들게 해서 아주머니를 더 곤란하게 하려는 심통인지 들은 척도 하지 않고 계단을 향해 잰걸음으로 올라간다. 들리지 않을 만큼의 크기로 고집도 무슨 쓸데없는 고집을 저렇게 부리냐는 푸념을 이으며 아주머니도 계단을 한 발 한 발 올라간다.

집에서 등산길에 나설 때만 해도 두 분은 기분 좋은 나들이로 출발했을 것이다. 휴일에 부부가 함께 나들이를 한다는 것은 적어도 두 분의 소통이 원만하다는 거다. 산행이 끝나고 뒤풀이로 맛난 음식을 나눌 때까지는 분명 화기애애한 분위기가 이어졌음이 분명하다. 시작할 땐 즐거웠을 두 분의 하루가 생각과 달리 엇나가게 된 것은 아주머니의 눈에 들어온 맘에 드는 소금 가게 때문일 것이다. 소금만 사지 않았더라도 무탈하게 즐거운 마음으로 집으로 갈 수 있었을 텐데, 가뜩이나 거슬리는 상황에서 집으로 가는 열차마저 반대 방향 플랫폼으로 잘못 내려왔으니 부아가 더 보태진 아저씨의 맘도 이해가 가고도 남는다.

사지 말라는 아저씨의 만류에도 불구하고 믿을 만한 고장에서 올라온 소금을 사고 싶었던 것이 아주머니 맘이었을 것이다. 결국엔 소금을 사는 것까지는 아주머니의 승리로 끝났지만, 불편했던 휴일 하루에 대한 기억이 그 소금이 다 없어지는 날까지 아마도 오래도록 잊히지 않을 것 같다는 씁쓸한 결말을 내다본다. 나의 추리는 집으로 오는 길 내내 계속 따라왔다.

그만큼의 세월이 흘렀으니 이젠 서로 양보하며 살아도 좋겠고, 잘하려고 유난스럽게 굴지 않지만 언제나 고정되어 있는 바탕 화면 같은 사랑이면 더없이 좋겠다. 내가 힘들어도 아내가 원했고, 이미 샀으면 가는 길이 힘들고 멀어도 원망과 비난은 거기서 끝이 나야 하지 않을까 하는 게 내 생각이다.

모든 부부가 살아가며 그리고 있는 그림은 화폭의 크기도 그림의 종류도 물론 다르다. 지금까지 내가 믿는 사랑은 관심과 배려다. 이제 결혼 적령기가 다가온 딸과 아들의 배우자는 어떤 심성을 가졌을까 궁금하고 기대되고 설렘도 일어난다. 부디 특별하지 않은 둥근 세상을 만들어 가며 아름답게 살 수 있기를 희망해 본다.

213 - 휴일 풍경

　식구가 많은 것도 아닌데 네 식구가 다 함께 얼굴을 볼 수 있는 날은 연중 손가락으로 꼽을 수 있을 정도다. 두 아이가 성인이 되고 나니 같이 있을 수 있는 시간이 눈 녹듯 사라지고 가족이 모여 자주 식사라도 하자는 것이 이젠 간절한 바람이 되었다. 오늘은 흩어진 가족이 모여야 할 휴일이지만 이른 시간부터 '나 홀로 집에'다.

　남편은 주중에 필리핀에 갔다. 평일에도 늦은 귀가가 대부분인 무뚝뚝한 아들은 주말이면 더욱 만나기 힘들다. 남자 친구도 없이 취미 생활에 바쁜 서른 넘긴 딸마저 한라산으로 등산을 떠났다. 그렇다고 해서 혼자 있는 게 허전하거나 외롭거나 쓸쓸한 것은 절대 아니다. 오히려 혼자 있다는 한가함이 마련해 주는 여유라는 편안함이 반가운 게 솔직한 심정이다.

주말 내내 혼자 있을 내게 남편도 아들도 본인들의 부재는 당연하다는 듯 그 어떠한 설명조차 없었다. 그래도 딸은 혼자 있을 엄마가 생각났는지 연료를 배불리 먹인 자동차와 예약한 영화표 한 장으로 미안한 마음을 전해 왔다. 외출해야 하는 엄마가, 집에 있을 아이에게 베푸는 넉넉한 인심처럼 엄마를 두고 놀러 가는 딸애의 마음이 그랬나 보다.

하루의 이야기가 그려질 빈 도화지를 펼치며 가족이 준 선물 같은 시간으로 오히려 재미있는 미소가 번져 오는 걸 행복이라고 쓴다. 창밖을 보니 움직이는 모두가 휴일의 부가가치를 누리는 것 같다. 게으름도 누려야 할 혜택인 일요일이다. 안 해도 될 일을 만들고 보태며 휴일 스케치를 시작한다. 딸이 선물한 영화표를 가지고 극장에 도착하니 상영시간까지는 20여 분이 남아 있었다.

연인과 둘이, 또는 친구와 여럿이 함께하는 정다운 모습들이 예쁘다. 언뜻 보아도 혼자 영화 보러 온 사람은 없어 보인다. 일행 없이 나만 혼자라는 생각 속으로 다른 이들의 시선이 묻어 왔다. 그쯤이야 금세 잊어버리고 만다. 남은 상영시간을 기다리며 차기 개봉을 알리는 화려한 광고 전단을 들고 빈자리에 앉았다. 몇 분의 시간이 흘렀다. 옆자리에 나란히 앉은 두 사람은 서로 나누는 대화가 한마디도 없다. 물론 애써서 살펴보려고 한 것은 아니었다.

 물어보지 않아도 반드시 부부이겠다 싶어서 속웃음이 나왔다. 부부가 점점 말이 없어지는 것은 말하지 않아도 서로를 너무나 잘 알기 때문이라는 우스갯소리가 있지만, 우리 부부의 모습도 저 두 사람과 같을지 모른다. 아마도 남편이 외국에 안 가고 집에 있었어도 남편과 함께 오진 않았을 것이라는 나만의 추측을 내린다. 자주 다니지는 않았으나 몇 년 전까지만 해도 남편과 영화를 보러 다녔었다.

 남편이 나서서 영화를 보자고 제안했던 것은 아니었다. 엄마 아빠 데이트 시간을 만들어 주려는 딸이 그때마다 자리를 마련하곤 했었다. 몇 년 전 함께 영화 보러 왔다가 남편으로부터 받은 서운함 때문에 우리 둘의 영화 데이트는 그날로 졸업했다. 더위가 30도를 오르내리던 여름이었다. 그날 시작된 불협화음의 발화 지점을 되돌아보니 예약해 놓은 영화 시간에 너무 늦게 극장에 도착한 것이 원인인 셈이다. 겨우겨우 개표하고 난 뒤 남편은 상영관 입구에서 좌석 위치를 확인하는 사이 나는 2시간 가까이 화장실을 못 가면 아무래도 불편할 것만 같아서 빨리 화장실을 갔다.

  화장실은 두 칸이었고 왼쪽 자리에 대기자가 기다리고 있었기에 그 옆 빈자리에 섰다. '잠김' 스위치가 표시되어 있다는 것은 분명 안에 사람이 들어 있다는 표시다. 그러나 옆 칸에선 세 사람이나 다녀가도록 내가 기다리는 칸 화장실 문은 꼼짝도 하지 않았다. 내 뒤에서 차례를 기다리던 이들의 두런거림이 들려왔다. 여유 없이 도착해서 영화 시간도 늦었는데 화장실에서 필요 이상의 시간을 보내고 있다 보니 나도 불안해지기 시작했다. 그때 남편으로부터 전화가 왔다.

  듣지 않아도 무슨 말을 할지 정답을 알고 있는데, 지금 뭐 하냐는 남편의 성난 목소리가 전화기 밖으로 쏟아쳐 나왔다. 안에서 사람이 안 나와서 아직 기다리고 있다고 죄인처럼 말하고 나니 억울해서 울고 싶었다. 기다리다 지친 나도 맘 상해 있는데 성난 남편의 목소리는 나를 더욱 속상하게 만들었다. 이제까지 참았던 긴 기다림의 불만을 퉁명스러운 노크로 표시하자 그제야 젊은 아가씨가 놀란 듯 문을 열고 나왔다.

아마도 그 안에서 깜박 잠이 들었던 모양이다. 얼마나 피곤하면 그랬을까 싶은, 생각 없는 그녀보다도 소리 지르던 남편이 더 미웠다. 영화는 이미 시작되고 좌석 표는 자기가 가지고 있으니 들어가지도 못하고 올 사람은 오지 않으니 나름 화났음을 이해한다. 그래도 그렇지, 조금 못 보면 어때서 성난 목소리가 전화기 밖으로까지 튀어나오도록 소리치던 남편에게 어찌나 서운했던지 그냥 집으로 돌아가고 싶었다. 남편에게 받은 서운함이 영화의 내용보다 먼저 자리하고 있다 보니 고문당하는 듯 지루한 긴 시간을 보내게 만들었다.

서로 무안했고, 그렇다고 아무 일 없던 것처럼 되돌

리기도 쑥스러웠다. 그런 민망함을 옆에 세워 둔 채 관람한 잊지 못할 그날의 영화는 〈태극기 휘날리며〉였다. 극장에 혼자 와서 영화 시간을 기다리다 보니 오래전 기억이 내 곁으로 왔다. 남편이 그날 사건을 기억이나 하고 있을까 궁금함이 밀려왔다. 그날 내가 정말 많이 미워했고 서운했었다는 사실을 필경 눈치조차 못 채고 있을 감각 없는 남편과 이 봄에는 모처럼 영화관 나들이 한번 가 볼까.

휴일의 풍경화는 생각의 인심도 넉넉해지게 만든다.

[3] 나이가 익어 가는 지금도 참, 좋네요

301 - 고백하지 못한 비밀

 올해도 시어머님 제삿날이 지나갔다. 바쁘다는 핑계로 자주 볼 수 없는 가족이 모두 한자리에 모이는 날이다. 해마다 제삿날만 되면 잊을 수 없는 민망한 사건이 떠오르는 날이기도 하다. 몇 해 전 일이다. 제사를 지내러 온 시동생이 집에 들어오자마자 차마 입에 담지 못할 막말을 하며 화를 냈다. 가만히 듣고 있던 나는 앉은 채로 쥐 죽은 듯이 숨을 죽이고 있어야 했다. 시동생이 화를 내는 엄청난 사건의 범인이 나였기 때문이었다.

 그날 사건은 친구와 함께 진천에 놀러 갔다가 시어머님 성묘를 하면서 벌어졌다. 충북 진천엔 친구의 시댁도 있고 그곳에서 가까운 음성에는 어머님 산소가 있어서 성묘도 다녀올 겸 떠났던 봄나들이 여행이었다. 진천에 도착한 우리는 점심 먹고 주변을 구경하며 성묘를 갔다. 바람은 약간 불었지만, 햇살은 따스했다. 추모 공원에 도착하니 평일이어서인지 성묘객은 보이지 않았다.

 묘지에 도착한 우리는 돗자리를 펼쳐 놓고 준비해 간 과일과 술을 올렸다. 그리고 준비한 지전(紙錢) 태울 준비를 했다. 종이돈을 태우는 것은 저세상에 가 있는 망자에게 정성을 보내는 방법이라고 했다. 지전은 창호지를 길게 이어져 여러 가닥 오린 저승 화폐 상징이다.

 안전하다고 생각한 시멘트 배수로에서 지전에 불을 붙이려는데 곁에 있던 친구가 "불조심해라." 하는 염려의 말을 건넨다. "조심해야지." 하는 내 말이 끝나자마자 갑자기 불어온 바람에 불씨가 묘지 잔디로 날아가고 말았다. 봄 가뭄에 바짝 마른 잔디는 빠른 속도로 타들어 갔다.

 불을 꺼야 하는데, 바닥에 깔려 있던 돗자리도 소용없었고, 입고 있던 겉옷도 아무런 도움이 되지 못했다.

불은 사방으로 퍼지고, 이러다가 추모 공원 전체로 불이 번져 뉴스에 나오는 건 아닌가 하는 생각이 들었다. 두려움에 몸부림치던 순간 절실한 도구가 필요했다. 입고 있던 청바지를 벗었다. 햇살 때문에 불꽃이 보이지는 않았지만, 잔디가 검게 변하는 방향으로 번지고 있다는 걸 알 수 있었다.

바지를 사용하여 검은 잔디를 쫓아 비비고 누르고 두드리고 하다 보니 차츰 하얀 연기가 일어나며 서서히 불길이 잡히고 있었다. 두껍고 무거운 청바지는 훌륭한 소방 도구가 되었다. 위급 상황에서 내린 최선의 선택 뒤에 돌아오는 건 하염없이 흐르는 눈물뿐이었다. 두렵고 무서웠던 순간을 증명하는 검게 변해 버린 묘지 옆에서 오랫동안 멍하니 주저앉아 있다가 그제야 속옷만 입고 있는 내 모습에 우리는 또 얼마나 웃었는지 모른다.

성묘를 왔다가 불을 내고 속옷만 입고 가는 사람이 나 말고 또 있을까 하는 자책을 했다. 그런 모습으로 즐비하게 늘어선 묘지 앞을 지나기도 죄송하기만 했다. 그날따라 주차장까지 거리가 멀게만 느껴졌다. 속옷만 입고 운전하는 나를 보며 친구는 계속 웃어 댔고, 친구 시댁으로 돌아온 우리는 친구 어머니 운동복을 얻어 입고 집으로 돌아왔다. 조심스레 낮에 있었던 일을 남편에게 말하는 동안 한낮의 공포는 다시 밀려왔고, 잔디 태운 거는 괜찮다고 말하면서도 웃음을 참지 못하는 남편의 표정은 아무래도 날 놀리는 것 같았다.

그날 그렇게 해서 어머님 산소에 불을 내고 검은 묘를 만들어 놓았으니 아무 생각 없이 성묘 갔던 시동생이 놀랐을 건 당연한 일이었다. 시어른들께는 이미 말씀드려 알고 계셨다. 집에 들어서자마자 제사 지내러 온 시동생이 그날을 설명하면서 큰소리로 막말을 해대기 시작했다. 공원 관리소에 가서 항의도 했고 누가 그랬는지 붙잡히면 그냥 두지 않겠다고 으름장을 놓고 왔다는 것이었다.

그러고 며칠이 지났는데도 시동생의 속상함은 그대로인 듯 보였다. 시동생이 처음부터 너무 심한 막말을 했기 때문에 그 범인이 나라고 밝히기엔 이미 때를 놓치고 말았다. 그 후로도 오랫동안 시동생의 흥분한 모습을 봐야 했고, 아직도 그때 그 사건을 고백하지 못한 채 지내고 있다. 이젠 그만 비밀을 털어놓아야 하는 건지, 아니면 지금처럼 시치미를 떼고 있어야 하는 건지 아직도 풀지 못한 숙제로 남아 있다.

302 - **나이가 익어 가는 지금도 참, 좋네요**

　요즘 나는 연인이 되는 과정을 엮은, 현실 만남을 구경하는 재미에 푹 빠졌다. 모 방송국에서 방영하는, 미혼의 젊은이들이 참가하는 5박 6일 집중 만남 프로그램을 지난해부터 즐겨 보는 중이다. 일주일에 한 번씩 방영되는 그 TV 프로를 어떤 날은 밀려오는 잠을 미뤄 가며 기다리기도 한다.

　남녀 동수의 출연자들은 첫인상 선택으로부터 만남을 시작한다. 짧은 순간 조건 없이 다가오는 느낌은 중요한 출발이 된다. 극히 일부분만 보고 상대를 파악하기 때문에, 때론 심각한 실수가 될 때도 있다. 젊음이 아름다운 이들의 서툴고 어색한 시작에서부터 연인이 되어 가는 과정을 사랑스럽게 지켜보고 있다.

　단편적인 호감으로 다가가는 첫인상 이후, 그 사람

의 직업을 알게 되고 나이와 환경에 따라 급격한 변화가 나타난다. 각자의 조건에 따라서 흔들리는 마음이지만, 나는 그들의 심정을 충분히 알 것만 같다. 미세한 마음 변화는 방황과 갈등을 일으키면서 흔들리는 저울 사이를 요동치며 오간다. 구경꾼의 자리에서, 마음에 드는 사람에게 어떻게든 가까이 가고 싶어 하는 젊은이들의 모습을 관찰하는 재미가 제법 쏠쏠하다.

 굳이 드라마 대사가 아니더라도 '사랑은 움직이는 생명체'다. 다른 이들에겐 다 보이지만 정작 본인은 모르는 사랑, 그 줄다리기를 설레는 마음으로 바라보는 게 흥미진진하다. 지금의 나는 연애와 이성에 관심이 없다. 결혼할 아이들이 있어서 젊은이들의 사랑을 유심히 보는 것도 아니다. 그저 어울리는 젊은이들의 사랑놀이를 관망하며 기웃거리는 게 하나의 즐거움이 되었다.

 어린 시절 어른들은 도대체 무슨 재미로 살아갈까 늘 궁금했다. 분명히 어른들은 심심하고 재미없을 것이라는 어설픈 추측을 하곤 했었다. 그때는 오로지 어린 눈으로 보는 내 기준으로만 판단했기 때문이다. 어찌 감히 나이가 익어 가는 삶을, 이 또 다른 즐거움을 어린 내가 짐작이나 할 수 있었으랴.

'너 늙어 봤냐? 나는 젊어 봤단다.'라는 가사로 세대 간의 고민과 애환을 표현한 서유석 가수의 노래가 있다. 젊어 봤지만 이렇게 나이 드는 지금 '이제부터 이 순간부터 나는 새 출발'이라는 가사로 시작된다. 어린 시절 궁금하던 어른 세대에 대해, 또한 내가 지금 걸어가고 있는 그 길의 즐거움과 새로움은 우리가 즐겨야 할 우리의 몫이라는 것을 알게 하는 노년의 일상을 그린 노래다.

우리가 어떤 음식을 먹을 때 더 맛있게 느낄 수 있는 것은 감칠맛 때문이다. 나는 지금의 나이에 이르러서야 삶의 감칠맛을 제대로 알게 됐다고 생각한다. 내 나이 어느덧 60년을 훌쩍 넘은 세월을 만나고 있으니, 그 세월마다 나름대로 참 좋았었다는 것을, 지나 보니 이제야 더 알겠다.

전혀 모르는 젊은이들이 그려 가는 사랑의 길, 물론 어느 정도 시청자를 의식한 연출이 있음을 충분히 짐작한다. 그들의 마음이 구름처럼 흘러가는 모습, 연인으로 발전되는 과정이 마치 내 일처럼 느껴지기도 한다. 매주 소소한 구경거리를 기다리는 나를 느끼면서, 무의식 속에 잠재하고 있는 나의 마음속 아직 젊은 청춘을 본다.

달이 바뀌고 해가 바뀌고 그렇게 반복되는 익숙한 되풀이 속에서 우리는 세월을 보낸다. 이제는 하루하루 건강을 지켜 내야 하는 것이 내 몫으로 주어진 의무다. 거기에 감정 세포를 더해 가며, 따뜻한 양지 햇살처럼 포근하게 지내 보자. 나이가 익어 가는 지금이 이렇게 참 좋은 것처럼….

303 - 내 인생 후반을 바꾼 하나의 시

10여 년 전 봄이 빠져나간 자리에 여름이 살며시 스며들던 6월이었다.

그 무렵 이직을 했다. 회사가 어려워져 내 한 몸 있기도 불편하던 시기에 내부 사정을 알고 있던 지점에서 함께 일하기를 제안했다. 1시간이나 소요되는 출퇴근 거리도 있고 본사에서 지점으로 간다는 쉽지 않은 결정을 내리기까지 오랜 망설임이 있었다. 거듭되는 고민을 이겨 낸 이직이었지만, 막상 새로운 환경에 부딪혀 보니 그 나름의 또 다른 어려움이 산재해 있었다. 내 능력에 비해 과한 대우를 받는, 참아야 하는 무게와의 싸움으로 입사와 동시에 포기하고 싶은 깊은 수렁의 늪에 빠져서 헤어나지 못하며 지냈다.

새로운 직장에 다니게 되었다는 것을 가족은 물론 지인에게까지 알려진 상황이었다. 이대로 물러선다면 그 초라한 모양새가 더욱더 견디기 힘들게 뻔했다. 이러지도 저러지도 못하는 나 혼자만의 시름은 깊어만 갔다. 만약 이대로 퇴사하게 되면 나 스스로에게도 실망이고 주변에 돌아다닐 이야깃거리가 부끄러워 가볍게 결정을 내릴 수도 없었다. 근심의 크기와 모양이 점점 더 커졌다. 이직을 준비하면서도 이런 상황은 생각조차 하지 않았었기에 걷잡을 수 없는 고민에 휩싸이고 말았다. 이대로 무너질 수 없다는 한 가닥 자존심만으로 지탱하는 내 모습이 유월 시든 장미처럼 지쳐 가고 있었다.

그날도 역시 갈등을 등에 지고 무거운 발걸음으로 출근하던 길이었다. 자동차 시동을 켜니 자동으로 세팅이 된 FM 방송에서 여행을 떠나자는 노래가 나오고 있었다. 그냥 이대로 노래 따라서 여행이나 가면 좋겠다는 부질없는 생각을 얹으며 집에서 출발한 지 30여 분이 지났을 무렵이었다. 노래가 끝나자마자 사회자는 청취자가 보내온 시 한 편을 낭송했다. 그 순간 낭송되는 시를 듣고 있다 보니 갑자기 청량음료를 마신 듯한 개운한 느낌이 들었다. 그동안 나를 짓

누르고 있던 근심의 무게가 한순간 치유되는 것 같았다. 이런 느낌이 위로였구나 생각했다. 이미 오래전에 알고 있던 시였지만 갈림길에 서 있던 내게 누구나 다 흔들리며 살아가고 있다고 토닥이며 달래 주었다. 그날 이후 마음의 기준을 달리 생각하니 차차 나의 방황이 조금씩 사라져 가고 그동안 흩어졌던 마음도 버팀목처럼 단단해지는 것 같은 느낌이 들었다.

그 후로 오랜 시간이 지났어도 그 시절 고난과 방황 속에서 나를 구해 준 도종환 시인의 「흔들리며 피는 꽃」은 지금도 나에게 위로로 다가서고 마음의 평화를 주며 항상 소중한 동지로 지낸다.

그렇다. 이 세상에 흔들리지 않고 피어나는 꽃은 없다. 흔들리지 않고 가는 사랑 역시 존재하지 않는다. 젖지 않고 피는 꽃, 젖지 않고 가는 삶 또한 어디에 있으랴…. 어쩌면 도종환의 시 「흔들리며 피는 꽃」이 주는 가없는 위안으로 인해, 역설적으로 나는 '흔들리지 않고' 살아갈 수 있는지도 모른다. 삶이 고달프거나 벅찰 때마다 나는 습관처럼 '흔들리지 않고 가는 삶이 어디에 있으랴.' 하고 가만히 읊조린다.

304 - 동년배 운동회

　오후로 접어드니 나른함이 적당히 물드는 시간이다. 컴퓨터 화면을 둘러보던 중 '가을에는 더욱더 운동해야 한다'는 글이 눈에 띈다. 왜 운동해야 하는지에 대한 자세한 설명은 운동의 필요성을 무시하며 지내는 내게, 마치 야단처럼 읽혔다. 누구에게나, 특히 나이 들어 가며 더욱더 필요한 것이 운동이기 때문이다.

　건강할 때는 무심히 넘어가고 몸이 아파지면 그때 비로소 건강의 중요성을 깨닫게 되는, 아쉬운 현실을 보는 것 같아서 조금 뜨끔하다. 더구나 살찌기 쉬운 가을, 체중 유지를 위해서도 운동이 필요하다. 추운 겨울을 잘 날 수 있는 체력을 비축하기 위해서 꼭 필요한 운동 이야기는 우리가 다 아는 내용이다. 그래서 더욱 착한 친절이 보이는 설명을 꼼꼼히 읽어 내려간다. 올해도 드디어 가을이 되었다.

내게는 해마다 즐겁게 기다려지는 또 다른 소중한 가을맞이가 있다. 이렇게 운동의 필요성을 자세히 읽다 보니 가장 먼저 떠오르는 것은 역시 고향에서 만나는 가을이다. 환갑이 넘은 동년배 친구들과 펼치는 가을 운동회다. 어쩌면 운동회라는 본래의 목적보다도 반가운 만남이 있는 날이라고 표현하는 것이 더 맞을 그날은, 바로 매년 10월의 마지막 일요일이다.

우리가 처음 이 행사를 추진할 때만 해도 과연 잘 진행될까 하며 모두 반신반의했었다. 마음과 마음을 모은다는 일이 결코 쉬운 일은 아니었기 때문이다. 어린 시절 동심을 키워 온 고향이지만 같은 학교 동창끼리의 모임은 아니다. 같은 군 소재지에 속해 있는 다른 이웃 지역 또래들도 함께하는 모임이라서 더 귀한 만남이 되었다

초등학교는 달라도 중고등학교로 이어지는 동안 지역에서 다시 만나게 되는 친구들이긴 했다. 갈라진 뿌리가 결국은 하나가 되는 지역 장점이 한몫 거드는 셈이다. 든든한 기둥이 되어 만날 수 있는 특징과 더불

어, 처음부터 끝까지 각 출신 학교 임원의 희생과 봉사가 있었기에 가능한 일이란 걸 우리 모두 인정한다. 모임 결성 이후부터는 10월 달력 한 자리를 차지하고 있는 우리만의 국경일이 되었다.

그날엔 이미 정해진 순서에 따라 주최하는 측에서 오찬을 준비하고 하루 행사를 진행한다. 이번 주최 측 행사는 어떻게 진행이 되는지, 점심엔 또 어떤 맛있는 음식이 제공될 것인지에 대한 궁금증과 기대를 품고 기다리는 재미가 있었다. 자주 볼 수 있는 친구들은 아니지만, 올림픽 못지않은 열정과 저마다 모교에 대한 애정으로 만나는 한마음 축제 날이기도 하다. 모임의 의미를 알고 있는 도시의 지인들이 우리 친구들의 단합과 우정을 보며 칭찬으로 응원을 보내곤 했다.

1년을 까마득히 잊고 지냈어도 자주 만났던 친구처럼 늘 반갑다. 이젠 손자 손녀를 둔 친구들이 대부분이다. 성공해서 모두를 즐겁고 기쁘게 해 주는 자랑스러운 친구도 있고, 사업 실패로 어느 날 갑자기 볼 수 없는 친구도 있다. 안타깝고 마음 아픈 양면의 상황도 감싸고 보듬어야 할 우리가 살아가는 모습이다.

사회와 직장에서 만난 이웃과 달리 고향 친구들에게는 가을 저녁 붉게 물든 노을 같은 어울림이 있다. 얼굴은 변했어도 면면의 미소 속엔 익숙한 동심이 가득하다. 운동회 식순에는 전후반 20분 게임의 축구와 배구, 계주, 줄다리기가 주 종목이다. 축구와 배구 게임을 하다 보면 금세 점심시간이 돌아온다. 잊지 않고 맛볼 수 있는 고향 동동주와 직접 만든 손두부는 빠지지 않는 운동회 날 인기 주 메뉴다. 미리 준비된 상차림으로 하루의 기쁨과 즐거움의 자리가 더 커져만 간다.

　준비된 게임이 모두 끝나면 학교별 노래자랑이 이어진다. 세월만큼이나 익은 노래 실력이 다들 보통이 아니다. 흥과 재미가 보태지니 정다움 속에 숨어 있던 도돌이표 행복이, 오후의 햇살과 함께 품에 안기는 시간이다. 우리들의 가을 행사는 체력과 단결력을 발휘하여 우승한 학교에 대한 상금 수여식을 마지막으로, 내년에 다시 만날 것을 약속하며 끝이 난다. 그 시간 이후로는 모교별 모임으로 즐겁고 행복했던 긴 하루 일정을 마무리하게 된다.

언제부턴가 우리들의 운동회와 함께 나의 가을도 추수하듯 끝이 나곤 했다. 우리의 행사가 2005년에 시작되었으니, 햇수로 어느덧 18년이다. 해마다 가을 열매를 기다리듯 기다리고 기다렸던 소중한 시간은 뜻하지 않은 코로나19 팬데믹으로 2년 동안이나 사라져 버렸다. 이제 코로나가 사라지고 자유로워진다고 해도 다시 그 시절로 온전히 돌아가기는 힘들겠다는 아쉬운 느낌은, 아마도 나 혼자만의 생각은 아니리라.

305 - 목소리

지금까지 직장에 다닐 수 있는 계기가 있다면 아마도 목소리가 맺어 준 인연인지도 모른다고 생각한다. 나는 이사 콜센터 본사에서 근무했고 지금 다니는 회사는 본사에서 관리하던 지점이다. 하는 일은 전화 상담업무이며 이사를 계획하는 사람들에게 필요한 내용을 설명해 주고 더 구체적인 사항은 방문해서 견적을 받을 수 있도록 접수를 도와주는 일이다.

이사를 하기 위해서는 견적을 봐야 하고 견적을 받기 위해서는 고객의 정보를 알아야 한다. 그래서 필요한 것이 폭넓은 광고의 역할이라고 할 수 있다. 주요 홍보의 형식은 DM 광고이고 모든 관리는 본사에서 주관했다. 이사의 가장 주 고객인 주부들이 가까이 접할 수 있도록 광고문은 매월 아파트 관리비 고지서에 포함되어 나간다. 고지서가 발송되는 날이면 여러 명의 직원이 감당하기 버겁도록 문의가 밀려온다. 광고의 효과가 바로 나타나는 셈이다.

 고객이 기다리지 않고 겹치는 전화 없이 상담할 수 있도록 준비된 직원이 있었다. 접수된 오더를 각 지역에 속해 있는 지점으로 전달하면서 하루의 일과가 마무리되었다. 지역적으로 많은 DM 광고를 하기도 했지만, 그 숫자만큼 필요한 것은 비용이었기에 그래서 더 많은 신규 가맹점도 있어야 했고 더욱 적극적인 지점의 협조를 구해야 했다.

 하지만 어느 때부터인가 서서히 보이지 않게 광고시장이 변하고 있었다. 하나둘 자체 광고를 하려고 본사와의 계약을 종료하는 지점이 많아졌다. 하지만 새로운 지역 광고로 대신하는 곳도 늘어나기 시작했다. 갈수록 부족한 광고비를 본사의 힘만으로는 충당할 수 없는 상황에 이르게 되었다. DM 광고를 축소하니 문의해 오는 고객의 수 역시 눈에 띄게 달라져 갔다.

 점차 직원도 감원하고 몇 개월의 과정에 결국 나 혼

자 근무하게 되었다. 아무리 어려워도 조금만 참으라는 사장님의 제안이 있었지만 출근하는 발걸음이 무겁고 매일 불편한 날이 이어졌다. 나라도 없으면 내게 줄 급여로 할 수 있는 광고가 있지 않을까 하는 생각에 고민은 더욱더 깊어만 갔다. 결국 회사에 피해를 주지 않기 위해 마음속으로 퇴사 날을 결정했다.

나날이 정신적 혼돈 속에 지쳐 있던 바로 그 무렵 경인 지점 사장님으로부터 전화가 왔다. 지점에서 근무할 직원을 소개해 달라는 뜻밖의 전화였다. 그 순간 나는 잠시의 망설임도 없이 "사장님 저는 어떠세요?"라는 말이 튀어나왔다. 요즘 본사 경영이 어렵게 되어 계속 근무하는 것이 회사에 피해를 주는 것만 같아 퇴사를 고민하는 중이라고 했더니 당장 오라며 파격적인 제안을 했다.

그동안 전화 통화로만 접촉했던 지점이라서 뵌 적이 없는 사장님의 제안에 대한 나의 첫마디는 "사장님 그런데 제가 나이가 좀 많습니다."였다. 그날그날 하루 동안 접수된 오더를 각 지점으로 전달하며 5년을 통화했어도 한 번도 만난 적이 없으니 내 나이를 모르는 게 당연하다. 사장님은 더 물어보지도 않고 괜찮다고 하셨다.

나중에 들은 얘기지만 본사 팀장 목소리가 참 편안하고 호감이 간다고 늘 칭찬했었다고 한다. 그런 이야기를 할 때만 해도 내가 지점에 와서 근무하리란 생각을 누구도 생각하지 못했던 때였다. 업무상 나는 많은 사람과 통화를 한다. 상담을 하다가 보면 나를 언니라고 부르며 다정히 다가오기도 하고, 선생님이라는 호칭도 있고 또한 사장님이라고 부르는 고객도 있다.

하루에도 몇 번씩 본의 아니게, 요즘 흔히 말하는 부캐(부캐릭터)의 또 다른 내가 되는 순간이기도 하다. 고객이 가장 궁금해하는 것은 바로 이사 비용이다. 사실 이사 비용이라는 것이 정형화되어 나와 있는 금액은 없다. 각자 사는 곳이 다르고, 살림살이의 종류와 이사 가는 곳의 거리도 상관이 있으며, 사는 층수와 거기에 특수한 날짜에 따라서 비용이 달라지기 때문이다.

상담자가 금액을 말하지 못하는 것은 고객이 전화로 설명한 내용과 직접 방문했을 때 다른 조건들이 늘 있기 때문이다. 분명히 정확한 금액이 아님을 안내했지만 이미 고객의 마음속에 접수된 금액 때문에 뜻하지 않게 결국 부당한 민원이 제기되곤 한다. 그런 점이 방문 견적이 꼭 필요한 이유다.

흔히 전화 상담사를 일컬어 감정 노동자라고 한다. 오랜 시간 상담을 하다 보니 이제는 고객의 목소리만으로도 그 사람의 세월을 짐작하게 된다. 때로는 목소리에서 얼굴보다 더 큰 매력을 만나기도 한다. 특별한 이유 없이 불편함으로 다가오는 고객도 있지만, 예의 바른 친절함도 있고 상대방을 배려하는 기분 좋은 정중함도 많다.

상담자의 친절한 목소리가 주는 좋은 느낌에 계약한다는 소리를 들을 때 쑥스럽고 민망하지만 그래도 가장 큰 보람을 느낀다. 그 세월이 어느덧 10년이다.

만나지 않아도, 향기가 전해지는 고객의 목소리에

감동과 설렘을 주는 곳, 이사 상담이라는 자리에 대한 긍지와 자부심은, 60이 넘은 나에게 건강한 정신을 갖게 하는 원동력이다.

오늘도 나는 변함없이 그 자리에 있다.

306 - 배려가 불편한 세상

 6월도 하순이 되었다. 진작 농번기로 접어들었고 기력을 잃은 봄은 쇠약해져 간다. 계절은 커 가는 여름에 더 가까워졌다. 아직까지도 해갈이 안 된 지역에선 논이 갈라지고 있다는 보도가 연일 이어진다. 모내기를 마친 곳에서도, 아직 모내기를 못 한 지역에서도 농민들 마음에는 총총 근심이 심어진다.

 농촌 현실을 가까이에서 체감하지 못하는 도시에 살고 있지만, 마음이 안타깝기는 마찬가지다. 우리의 고향이 바로 그곳이고 부모 형제가 겪고 있는 고통을 알고 있기 때문이다. 봄 가뭄이야 해마다 있기 마련이다. 그러나 올핸 유월이 다 지나가도록 애를 태우고 있으며, TV 뉴스와 신문에서도 가뭄 피해 상황과 앞으로의 대책이 시간마다 톱뉴스로 보도된다.

이틀만 계속해서 비가 내려도 잘 마르지 않는 빨래 때문에 주부라는 이름으로 궂은 날씨를 원망했었다. 사치스럽고 소박한 투정이 내게 달려든다. 라디오 음악프로에서도 비와 관련된 노래가 모두의 바람을 대신하는 듯하다. '안개비가 하얗게'로 시작되는 '잃어버린 우산'이 흘러나온다. 노래를 따라 부르다가 비 내리던 날 어린 꼬마와의 짧은 인연이 연처럼 길게 늘어져 우산 속에서 나를 붙잡는다.

우산을 써 본 지가 언제인지 기억나지 않는 요즘이다. 그날은 태풍 예니가 온 나라를 덮고 있던 때였다. 실시간 뉴스 기상특보가 계속해서 이어지고 한바탕 태풍이 몰아치던 비 오는 날, 중학교 2학년 아들의 중간고사 기간이기도 했다. 잠이 부족한 채로 공부하는 모습이 안쓰럽고 대견하다. 선뜻 깨우지 못하고 있다가 다른 날보다 15분 정도 늦게 깨웠더니 지각이라고 야단이 났다. 학교까지 데려다준다고 달래어 부랴부랴 아침밥을 먹이느라 한바탕 북새통을 이룬 뒤 집을 나섰다.

학교까지는 10분 정도면 갈 수 있었지만 아이 마음은 벌써 학교에 도착해 있었다. 아들은 아기 때부터 유난히 병치레를 많이 하며 자랐다. 감기가 조금만 시작되어도 모세기관지염이라는 질병이 도지곤 해서 하루가 멀다 할 만큼 자주 병원엘 다녀야 했다. 일주일에 한두 번은 병원 신세를 졌다. 늦은 밤이나 새벽에도 응급실로 달려갔고 혈관을 찾을 수 없어서 머리를 밀고 링거를 맞기도 했다. 어느 날은 종일 열이 내리지 않아서 아침에 갔던 병원을 밤에 다시 찾아야 할 정도로 병치레가 잦았다. 몸이 아픈 아기도 힘들었지만, 그때마다 어린 엄마를 많이 슬프게 했다.

수없이 많은 날을 그렇게 지냈던 아들이 중학생이 되었다. 사람의 욕심이란 게 몸이 아프면 다시는 소원이 없을 듯 건강하기만을 바란다. 그러다 건강해지면 병마와 싸우던 시절의 기억이 사라지고 어느새 다른 욕심이 생기곤 하는 게 모순된 우리네 사는 모습이다.

살아가는 것이 성적순은 아니라지만 엄마로서 조바심하지 않았다. 특별하게 욕심부리지 않았어도 아들은 성적을 받아 올 때마다 엄마를 크게 기쁘고 행복하게 해 주었다. 소망인지 기대인지, 아닌 듯하면서도 좋은 성적을 바라고 있었을 숨은 마음이 있었나 보다. 아들이 당연히 잘해 주리라는 믿음이 더 깊은 자리에 앉아 있었을지도 모른다. 부인할 수 없는 엄마의 가려진 두 마음에 우산을 씌운다. 격려인지 부담인지 시험 잘 보라는 말과 함께 아들을 들여보냈다.

차를 돌려서 중학교 정문을 지나는 중에 한 손엔 우산을 들고 다른 한 손엔 준비물을 든 아이가 보였다. 봉투와 신발주머니까지 힘겹게 든 초등학교 3학년쯤 되어 보이는 남자아이였다. 손에 든 그 무게가 아이의 희망을 짓누르기라도 한 듯 버거워 보인다. 집으로 가는 길에 우리 집 근처에 있는 초등학교까지 데려다주고 싶었다.

아이에게 "학교까지 데려다줄까?"하고 물었더니 잠시 머뭇거리는 듯하다가 차 문을 열고 앞자리 조수석에 앉았다. 버스를 기다리는 정류장에 마침 등교하는 다른 아이들이 있기에 창문을 내리고 그들에게도 "아줌마가 학교까지 태워 줄게 타."라고 했더니 고개를 저으며 타지 않는 것이었다. 어차피 집으로 가는 길에 편하게 등교를 도와주고 싶었다. 그때 정류장에 서 있던 다른 아이가 타지 않는 걸 보더니 옆자리의 아이가 고개를 숙였다. 두 손을 마주 잡으며 불안할 때 하는 행동인 손가락을 꼬물거리는 모습을 보였다.

"왜, 아줌마가 무섭니?" 하고 물으니 아이는 떨리는 목소리로 "모르겠어요." 했다. 그제야 나는 내가 괜한 짓을 했구나, 하는 생각이 들었다. 지난주에 모든 국민을 마음 아프게 했던 유괴사건이 있었다. 끝내 어린 목숨을 잃게 만든 유괴사건 때문에 낯선 사람을 경계하는 게 당연하다. 어린 꼬마도 순간 그 기억이 떠올라서 불안해하는지도 모른다.

집을 나서기 전에 낯선 사람을 따라가선 안 된다는 엄마의 다짐을 받고 나왔을 터인데 모르는 아줌마의 차를 탔으니 나를 무서워하는 것은 당연하다 싶었다. 혹시 자기를 유괴라도 하지 않을까 해서 불안해한다는 것을 대번 알 수 있었다. 고개를 푹 숙인 채 잠시 있던 아이가 두리번거리더니 학교로 가는 방향이 다 가오니 가방을 더 움켜쥔다. 혹시라도 자기를 내려 주지 않고 지나가면 어쩌나 하는 아이의 불안함이 몸에서 묻어 나왔다. 우산들로 가득한 골목엔 등교하는 아이들 사이로 빗방울만큼 많은 재잘거림이 빗소리 사이를 파고들어 퍼져 나온다.

 학교 가까운 골목에서 "아줌마 집이 여기야." 하며 아이를 내리게 했다. "잘 가."라고 말하자마자 아이는 재빨리 내리더니 물 위에 떨어트린 물감처럼 등교하는 아이들 무리에 섞여 금세 보이지 않았다. 불과 몇 분 사이였지만 아이가 불안했을 것을 생각하니 괜한 친절을 베풀었구나, 하는 쓸쓸함이 날씨처럼 눅눅히 젖어 든다. 세상이 험난하고 무서우니 집에서는 절대로 모르는 사람을 따라가지 말라고 수없이 말했을 것이다. 나 역시 끔찍한 유괴사건이 일어날 때마다 아이의 뇌리에 새겨 넣어 주던 엄마다.

 아마도 버스 정류장에 서 있던 여자아이는 낯선 차를 타지 않은 것에 대해 칭찬을 받았을 것이다. 반면에 내가 태워 줬던 남자아이는 엄마의 더 많은 다짐을 들으며 집을 나서야 할지도 모른다. 아무도 우린 그의 부모를 원망할 수도 탓할 수도 없는 세상이다.

배려가 불편한 세상이 되어 버린 요즘이 안타깝기만 하다.

307 - 새로운 발견

고교 시절 팬터마임을 배우는 수업이 있었다. 팬터마임은 무대 위에서 배우가 몸짓과 표정만으로 내용을 전달하는 무언극을 말한다. 하나의 주제가 주어지면 여러 사람 앞에서 돌아가며 그 주제에 대한 내 생각과 표현 방법을 발표했다. 풋풋함이 철 이른 햇과일 같던 그 시절, 시고 떫은 맛 같은 수줍음이 많던 16세 소녀적 기억이 아침마다 내게 달라붙는다. 다름 아닌, 출근하는 버스 차창 너머로 바라보는 풍경이 마치 팬터마임을 보는 것 같기 때문이다.

집에서부터 직장까지는 평소 30분 거리다. 그러나 출퇴근 시간에는 대략 1시간 가까이 소요된다. 30분 거리가 1시간이 되도록 벌어지는 긴 시간을 끌어안으며 오랫동안 승용차를 고집했었다. 그러다가 승용차를 떼어 놓고 버스를 이용하기 시작한 지 1년이 지나간다.

나로 인해 헤어지는 일은 없을 것처럼 속삭이던 연인에게 일방적 이별을 통보하고, 함께 나누었던 지난 추억마저 잊어버린 매정한 옛 연인처럼, 버스를 향한 나의 사랑은 봄날 새싹이 피어나듯 애정이 깊어만 갔다.

남편과의 눈 맞춤이 언제였는지 기억조차 떠올리지 못하면서도 날마다 후한 인심으로 거리의 모습엔 긴 눈 맞춤을 선사한다. 짧은 신호의 기다림조차 지루하던, 운전할 때의 기억이 잊힌 지 오래고 어느새 낯선 이들과의 동행에도 익숙해졌다.

오늘 나를 싣고 있는 버스는 내 나이만큼 많은 세월을 보냈나 보다. 정류장마다 쉰 목소리로 외마디 비명을 지르고 있는 걸 보니 어디가 단단히 병들어 있는지도 모르겠다. 내가 운전 면허증을 취득한 건 1990년이다. 놀이기구를 탔을 때 두려움과 희열을 동시에 느끼며 서툰 운전을 시작했을 때 세상의 부러움과 존경의 대상은 운전을 잘하는 사람이었다.

당시에 집에서 큰길까지 나가려면 몇 번의 골목길

을 지나가야 했다. 이제 갓 운전을 시작하는 초보자에게는 더할 수 없는 악조건이었다. 어쩌면 그래서 더욱 빨리 운전 능력을 높일 수 있는 계기가 되었던 것 같다. 하루 생활의 중심이 운전이었고, 그 재미에 빠져 행복이 가득 채워지곤 하던 시기였다.

그즈음 얼마 지나지 않아서 운 좋게도 나만 이용할 수 있는 전용 자동차를 갖게 되었다. 집에만 있는 주부라면 굳이 차가 필요 없겠지만 시어른들께서 하시던 사업을 운영하게 되면서 사정이 달라졌다. 거래처에서 연락이 오면 하루에도 몇 차례씩 달려가야 했었기에 운송 수단으로 차가 꼭 필요했었다. 그때 이후 나는 오래도록 대중교통을 이용하지 않게 되었다.

게으른 습관이 몸속 깊이 뿌리 내리고 평소에 걷는 것도 싫어했다. 간단한 운동조차 좋아하지 않던 나는 가까운 거리라도 꼭 자동차를 이용하는 습관을 갖게 되었다. 계절이 한 번씩 바뀔 때마다 사회는 빠르게 변했다. 점점 우리의 식생활이 다양해지고 변화를 추구하다 보니 사람들도 나도 재래시장보다는 대형마트에 빠른 속도로 익숙해져 갔다.

하고 있던 사업은 점점 수요와 공급의 불균형이 깊어져 가고 결국 재래시장으로 납품하며 이어 오던 가업인 식품 사업을 접게 되었다. 그사이 아이들은 성인이 되었고 이른 결혼을 했던 나는 처녀 시절에도 하지 않던 직장 생활을 시작했다. 그렇게 회사원으로 살아온 세월이 벌써 4년을 지나간다.

걱정과 두려움으로 출발했던 직장생활의 첫 번째 고민은 다름 아닌 아침마다 겪어야 하는 주차 전쟁이었다. 주택가에 위치한 직장에는 마땅한 주차 공간이 없었다. 심할 때는 하루에도 여러 번 자리 옮김을 해야 했고, 휴대전화가 울릴 때마다 차를 옮겨 달라는 연락이 올까 봐 늘 신경이 곤두섰다.

출근하기 전부터 오늘은 편안한 주차 공간이 있을까 하는 걱정이 함께 따라나서는 세월을 3년이나 보냈다. 그 고생을 하면서도 벗어나지 못했던 것은 무의식 속에 배어 있는 오랜 습관 때문이었을 것이다. 지금 생각하면 왜 그 고생을 했나 싶기도 하다.

버스를 타고 다녀야겠다는 힘든 결심을 하고 처음 버스를 타던 날 단돈 900원에 얻어지는 편안함은 알 수 없는 감사와 미안함으로 다가왔다. 그날의 기억을 잊을 수가 없다. 바쁘게 출근 준비를 하고 나온 내가 긴 거리를 편안하게 갈 수 있게 되자 하루가 다르게, 마치 매일 여행을 떠나는 것과 같은 생각이 들었다.

한 번의 승차로 종점에서 종점을 가는 편리함이 있었고, 나를 맞이해 주는 빈 의자는 언제나 보너스였다. 매일 이어지던, 주차 때문에 신경 쓰는 일에서 해방이 되고 막히는 출퇴근길 운전할 때 조바심에서도 벗어나게 되었다. 불편할 것만 같던 구속된 생각의 굴레에서 빠져나오니 장점들이 은행 이자처럼 점점 불어났다.

마침표가 아닌 쉼표로 만나고 헤어지는 정류장에선 새롭게 공연되는 팬터마임이 무제한으로 날마다 이어질 것이고 아마도 나의 버스 사랑은 오래도록 이어질 것만 같다.

308 - 젊은 날을 추억하며

언제부터인가 남편은 근력을 더 만들어야겠다며 전동 자전거를 갖고 싶어 했다. 2년 전에도 전동 자전거를 산 적이 있었다. 그러나 막상 사 놓고 보니 생각했던 기능과 다르다며 얼마 지나지 않아서 중고 시장에 내다 팔았다. 그랬는데 다시 자전거를 사서 운동을 해야겠다는 것이다. 그것도 비전문가가 사용하기엔 벅차 보이는 고가의 자전거를 사고 싶어 했다. 지난번처럼 사 놓고 운동을 하지 않으려면 아예 생각조차 하지 말라고 몇 날을 반대했다. 하지만 이번에는 열심히 타겠다는 본인의 의지가 전보다는 달라 보였다.

원하던 자전거를 산 다음 날 아침 남편은 아이처럼 기뻐하며 운동하러 갔다. 그런데 집을 나선 지 1시간도 채 지나지 않았는데, 집으로 다시 돌아왔다. 얼굴에 상처가 보였다. 내리막길에서 속력을 냈는데 날아가는 모자를 잡으려다 균형을 잃고 넘어졌다고 한다. 아직 기능에 익숙하지 않은 자전거이기도 했지만, 나 보기가 민망했는지 많이 다치진 않았다고 변명 같은 부연(敷衍) 설명을 내놓았다.

새끼손가락 주변과 손등은 이미 탁구공만큼 부어올랐고 오른쪽 뺨과 팔꿈치, 무릎도 상처투성이였다. 그래도 다친 쪽이 왼손이어서 다행이다 싶었다. 계속 보고 있다가는 핀잔만 더 하게 될까 봐 서둘러 자리를 피해 출근했다. 10시가 지나자 6주 진단이 나왔다며 핸드폰으로 깁스한 사진을 보내왔다. 다친 곳은 새끼손가락이지만 움직임을 최소화하기 위해 전체 깁스를 했다고 한다.

우리는 이제 골절상을 입으면 회복이 더디고 안전에 안전을 신경 쓰며 지낼 나이다. 본인은 보살핌을 안 받아도 된다고 했지만, 사소한 일상이 모두 불편하다. 퇴근해서 그를 보니 한숨이 절로 나왔다. 내 말 안 듣고 끝내 자전거를 사더니 사고를 친 남편을 향해서 들리지 않는 푸념이 자꾸만 치솟았다. 원망해도 이미 부질없을 일이라 감정을 삭이며 그를 피해 일찍 방으로 들어왔다. 남편인들 다치고 싶어 다친 것이 아닐 텐데 하는 생각이 미치자, 내 속이 더 상했다. 내가 아직도 남편을 많이 아끼고 사랑하나 보다 싶은 마음이 들어서 실소(失笑)가 나왔다.

텔레비전에서 장마로 피해를 본 지역 소식을 보니 너무 안타까웠다. 내 마음만 아픈 게 아니라 세상 곳곳이 어지럽고 아프구나 싶었다. 이럴 때 치유되는 최고의 특효약은 보기만 해도 미소가 떠오르는 손주들 동영상이다. 오래 지난 영상까지 보고 또 본다. 한결 마음이 가벼워졌다. 잠이라도 쉽게 들 수 있으면 좋으련만 잠이 오지 않았다.

무엇을 할까 궁리하다가 나의 젊은 날 이야기가 담겨 있는 빛바랜 추억의 일기장을 펼쳐 보았다. 결혼식 전날 저녁에 오빠가 동네 제과점으로 나를 불렀었다. 그때 내 나이 스물둘이었다. 누구보다 나를 아껴 주던 오빠는 막상 내가 결혼할 날이 다가오니 여러 가지 생각이 들었나 보다. 어린 동생에 대한 염려도 있었을 테고, 서운함도 어우러진 감정이었을 것이다. 그런데 둘이 마주 앉으니 정작 할 말이 없어졌는지 오빠는 아무 말도 하지 않았다. 그때 오빠의 긴 침묵에서 나를 염려하는 크고 따뜻한 진심이 느껴졌다.

남편은 오빠의 오랜 친구다. 그때 결혼을 앞둔 동생에게 이것저것 얘기해 주고 싶었던가 보았다. 친구가 너를 고생시키진 않을 거라고, 또한 여자를 사귀어 보지 않아서 때로는 서운함도 있을 것이라고, 그러니 참고 잘 지내라는 말을 대신하던 그때 오빠의 긴 침묵은 살아 보니 저절로 알 수 있었다. 비교적 무탈하게 잘 지냈다. 오빠 소개로 만나서 5개월의 짧은 만남이 있었고 그렇게 그냥 덤덤하게 치른 결혼이었다. 아내이기보다 며느리였고, 남매의 엄마로서 충실했던 시간 속에서 아내의 자리도 하루가 다르게 익어 가고 있었다. 나는 처음 만났을 때 오빠 친구였던 남편보다도, 무심한 듯하지만 언제나 그 자리에서 한결같은 지금의 이 사람이 그냥 좋다고 생각하면서 산다.

나는 결혼하면 TV 드라마처럼 사는 줄 알았다. 어린

나이였기에 그런 생각을 했었는지는 몰라도 모두 연속극 주인공처럼 산다고 생각했었다. 그러나 사는 거 다 그렇고 그렇다는 현실을, 결혼 생활의 현실을 깨닫기까지는 그리 오랜 시간이 걸리지 않았다. 살아 보니 행복은 사실 아주 소소한 것에서 시작된다는 것을 알게 되었다. 그래도 내가 생각으로 그렸던 삶과, 현실로 만나는 인생의 사이를 오가며 무난히 잘 지냈던 것 같다. 그렇게 세월은 쏜살같이 흘러갔다.

 이 세상 직업 중에 가장 행복한 사람은 사진사라는 말이 있다. 좋은 것 보고 아름다운 것만 찍기 때문이란다. 남편은 결혼 전부터 사진이 취미였다. 결혼 후에도 여전히 취미 활동을 열심히 했고 주말에도 나를 홀로 두고 밖으로 나다니며 본인 취미 생활 하기에 바빴지만 별다른 불만은 없었다. 그때 나의 하루는 아이들만 있어도 행복했던 시절이었다. 더구나 시어른과 함께 살고 있었기에 그렇게 사는 게 당연하다고 생각했다. 딸과 아들의 미소와 사소한 행동 하나하나에서 기쁨을 얻었기에 남편의 자유로운 외부 생활과 부재에도 별다른 빈자리를 느끼지 않았다. 또 시어른과 함께 살다 보니 경제적인 어려움도 없었기 때문에 남편의 호사스러운 취미 생활도 그렇게 끊임없이 이어졌을 것이다.

어느 날 남편이 촬영을 다녀온 다음이었다. 촬영한 사진 속에서 남편의 겉옷을 입고 찍은 여인의 모습을 보게 되었다. 자세한 사연을 듣지 않은 채 우선 서운함과 배신감이 나를 지배하기 시작했다, 믿었던 남편을 향해 상처를 주었다. 지금 돌이켜 생각해 보니 자초지종을 들었다면 마음 상하지 않아도 될 일을 그땐 그저 일방적인 생각만으로 그를 몰아갔다. 이따금 마음 태풍이 몰아치기도 했던 그런 날들이었다. 변명 같지만, 그때 내 나이가 그랬다.

옛 일기장을 보고 나니 마음이 한결 편안해졌다. 사지 말라는 자전거는 왜 샀냐는 원망은 사라지고 더 큰 부상이 아니어서 다행이라는 감사한 마음이 생겼다. 자기가 건강해야 우리 서로가 고생하지 않는다는 남편의 바람과 나이 들어 가는 부부끼리의 소소한 서로의 위안이 바로 건강의 비결이라는 지혜를 다시금 깨닫는다.

309 - 타임머신

밤사이 많은 눈이 내렸다. 덕분에 창밖은 사진 속 풍경처럼 아름답다. 마치 여행이라도 온 듯이 호사스러운 즐거움이 덤으로 다가오는 아침이다. 전날부터 일기예보의 친절한 고백으로 대설을 예감하긴 했었다. 그러나 입춘 절기에 내린 눈이라서 그런지 기대하지 않았던 선물을 받은 느낌이다.

예전에는 눈만 내려도 이유 없이 즐겁고 기분이 좋았다. 그러나 언제부터인지 그렇게 설레던 낭만도 간데없고 반가움도 사라져 갔다. 게다가 날씨라도 궂으면 나는 근심부터 앞서는 버릇이 혹처럼 생겼다. 낭만에 무감각해지는 것은 세월 탓일 테지만, 매사 자신감도 없어지고 순발력까지 둔해지는 것도 사실이다.

아마도 그건 점점 더 나이테의 숫자가 늘어 간다는

표시임이 분명하다. 그동안은 늘 그랬다. 그러나 그랬음에도 불구하고, 오늘 아침 마주한 풍경은 지병처럼 따라다니던 근심마저도 순식간에 달아나게 했다. 아름다운 설경으로 인해 겪어야 하는 고생 따윈 안중에도 없다. 그저 감탄사 하나로 시작하는 아침이다. 오늘만큼은 오가는 길 번거롭고 불편해도 무엇이든 용서할 것만 같다.

 그대로 멈출 수는 없겠지만 아름답던 풍경을 오래도록 누리고 싶은 마음은 나이와는 상관없는 모양이다. 설경이 주던, 가늠할 수 없는 기쁨의 잔상으로 한나절 내내 행복에 젖어 보냈다. 근사했던 풍경이 한나절 햇살에 무너지던 정오가 지날 무렵 지인의 부친상을 알려 오는 문자를 받았다.

 갑작스럽게 다가온 지인의 슬픔을 전달받고 나니 그동안 무심하게 잊고 지낸 이들의 안부가 덩달아 궁금해졌다. 이제는 없으면 못 살 것 같은 전화기를 늘 가까이하면서도 정작 안부를 전하는 데는 소홀했음이 사실이다. 저장된 연락처 하나하나와 짧은 눈 맞춤을 이어 간다. 만남을 가진 지 오래된 그리운 이들도 참 많았다.

 새삼 놀라운 것은 그토록 많은 사람의 연락처가 그대로 있다는 것이다. 그중 몇몇 친구에게 안부 전화를 했다. 오랜만에 듣는 목소리여서인지 반가운 마음이 더 깊게 밀려왔다. 무소식이 희소식이라는 변명이 서로가 생각하는 확실한 답안지로 펼쳐진다. 한바탕 서로 웃음을 섞고 나니 한결 기분이 유쾌하다.

 퇴근 시간에 맞추어 지인과 함께 문상하러 갔다. 나는 아직도 장례식장에 혼자 가는 일이 낯설고 어설프다. 그 바탕은 어려서부터 유난히 무서움을 잘 탔던 이유가 아닐까 한다. 어린 시절 살았던 고향에선 동네마다 상엿집(곳집)이 있었다. 상엿집은 장례를 치를 때 필요한 도구와 상여를 보관했던 작은 집이다.

 상엿집은 마을과는 좀 떨어진 외딴곳에 있었다. 내가 상엿집 근처에 가는 날이 많지는 않았지만 정말 무서워했던 곳이다. 가끔 한 번씩 이웃 마을 친구네 집에 가려면 반드시 그곳을 지나야 했다. 그럴 때마다 누가 나를 뒤에서 붙잡는 것만 같았다. 상엿집을 지나 무서움이 사라지는 곳까지 달리던 기억이 아직 생생하게 떠오른다.

  동네에 초상(初喪)집이 생겨도 무섭기는 마찬가지였다. 그때가 몇 살 때였는지 모르겠다. 아주 어렸을 적에 초상집 마당에서 나무 관을 본 일이 무서움을 타게 된 동기가 아니었을까 싶다. 지금 생각해 보면 입관을 준비하려던 모습을 본 듯하다. 그날 이후부터 밤에 혼자서는 밖에도 못 나가고 누군가는 꼭 나를 데리고 화장실을 가야만 했다.

  지금까지도 내가 무서움을 많이 타는 이유는 유년기의 그런 경험들 때문이라고 짐작한다. 일행과 함께 장례식장 입구에 들어서니 화려한 이름표를 단 근조화환들이 먼저 우리를 맞이한다. 예전에는 초상집 근처만 가도 가족과 친지들의 울음소리가 집 밖까지 들려왔다. 그러나 시대가 말해 주듯 슬픔을 드러내는 풍습마저 달라진 요즘은 어느 상가(喪家)에 가도 호곡(號哭)하는 광경은 보기 힘들다.

체념과 비움으로 담담해진 가족들과 시장기를 채우고 있는 무덤덤한 조문객 사이로 눈치 없는 허기가 밀려왔다. 한때는 상가 음식이 불편했었다. 그러나 친정아버지께서 돌아가신 이후부터 거북했던 상가 음식이 편안해졌다. 그런 느낌도 살아가면서 어른이 되어 가는 과정이었는지도 모른다. 한 분 두 분 가까운 분들이 우리 곁을 떠나시고 그때마다 마음도 조금씩 성숙해지고 있었나 보다. 내가 돌아가신 분을 처음 눈으로 보고 장례 절차를 겪은 것은 친정아버지시다.

　친정아버지께서는 63세라던 비교적 젊은 나이에 췌장암이라는 병마를 만나 힘겨운 투병 생활을 하셨다. 그 때문에 우리는 다가오는 아버지의 마지막을 어느 정도 예감하며 어쩔 수 없는 슬픈 날을 보낼 수밖에 없었다. 하루하루, 전화받는 일조차도 두려웠다. 그러나 막상 운명하셨다는 연락을 받은 바로 그날엔 이상하게도 슬픔이 느껴지지 않았다.

　우리는 서둘러 친정으로 향했다. 3시간 가까이, 고향으로 가는 길 내내 황금 들판으로 물들었다가 휑하니 비어 버린 가을의 흔적을 보았다. 풍요가 다녀간 만추의 거리 풍경에 철없이 시선을 빼앗기고 있었다. 분명 나는 잴 수 없는 슬픔의 무게를 안은 채 아버지 부음을 받고 고향집으로 가는 중인데도 그랬다. 집을 나서서 고향으로 가는 길 내내 눈물이 나오지 않았다.

 동네 근처에 다다르자 멀리서도 분주한 친정집 주변 모습이 보였다. 잠잠했던 가슴이 두근거리기 시작했다. 동네에서 읍내를 가려면 20분은 걸어 나가야 버스를 탈 수 있던 곳, 더구나 마을 안까지 택시가 들어오는 일은 흔하지 않았다. 갑자기 복잡해진 마을 풍경에 뛰어놀던 어린 꼬마들은 덩달아 신바람이 난 모습들이다.

 집에 도착하니 어느새 언니들과 많은 친척분이 와 계셨다. 이제 다시는 볼 수 없는 아버지는 힘든 투병 생활을 하실 때의 고통스러운 모습은 사라지고 평온한 모습으로 잠들어 계셨다. 그제야 하염없이 눈물이 흘렀다. 어려운 형편에서도 전답을 팔아 자식들 교육을 뒷바라지하시며 아버지는 늘 농촌에 살더라도 배워야 한다고 강조하셨다.

아버지께서는 술을 전혀 못 드셨다. 그 대신 달콤한 음식과 찰떡을 좋아하시고 담배를 자주 피우셨다. 직장 생활을 하는 언니 오빠가 집에 올 때마다 아버지께 담배를 사 드리면 그때마다 아버지께서는 담뱃값을 아끼려고 동네 상점에서 다시 값싼 담배로 바꿔 오셨다. 담배를 너무나 자주 피우셨기 때문에 엄마의 염려와 핀잔이 날마다 이어졌다. 하지만 그 정도의 꾸중은 금세 담배 연기 속으로 사라져 갔다.

근검절약과 형제간의 우애를 최우선으로 여기시던 아버지의 생전 모습이 하나씩 떠올랐다. 부모님이 돌아가시고 많은 세월이 지났다. 그래도 팔 남매들 사이에 변함없는 우애가 이어지는 그 바탕은 바로 아버지시다. 아버지께서 돌아가시기 전에 우리에게 당부하신 말씀이 있다. 모든 것은 살아 있는 사람들이 중심이 되어야 한다. 제사부터 편리하게 하라고 하셨다. 그래서 우리 집엔 해마다 부모님 추도 날짜가 달라진다.

기존 기일에서 가장 가까운 주말이 바로 우리가 모이는 날이다. 날짜를 변경하면서 추도식을 하는 것은 더 많은 형제자매를 만나기 위해서다. 문상하러 오는 길에 오래전 그때의 기억들이 소리 없이 내 곁에 찾아왔다. 어느새 35년이란 세월이 지났다. 우리는 문상을 끝내고, 도착했을 때처럼 줄지어 선 조화의 인사를 또 한 번 받으며 가족들의 슬픔을 뒤로한 채 아무 일 없었던 것처럼 또다시 일상으로 돌아간다.

310 - 어머님 떠난 자리

   언제 어느 때일지
   죽음을 예측하지 못할 때와
   저항할 수 없이
   다가오는 어두운 그림자를
   그저
   바라보고 있어야 하는
   그 무력함 속에
   가을의 풍요와 아름다움은
   우리에게 쓸쓸한 아픔만 주고 있다

어머님에게 암 선고가 내려진 그해 어느 날 우울한 글이다.

지난 1년 사이에 가까운 지인이 세 분이나 세상을 떠나셨다. 오랜 투병 생활을 하신 분도 있고 갑자기 사랑하는 사람들과 이별하게 되어 곁에 있던 많은 사람에게 슬픔과 충격을 준 분도 있다. 하루가 다르게 변하는 가운데 우리는 수없이 많은 일을 만나게 된다. 곁에서 일어나는 갑작스러운 비보를 접할 때마다 만약에 나 자신에게도 뜻하지 않는 불상사가 갑자기 생긴다면, 그리고 그런 미래를 예측할 수 있다고 해도 과연 극복할 수 있을 것인지 사실은 생각만 해도 두려움이 먼저 앞선다.

아마 어떤 누구라도, 드라마 주인공처럼 자신의 마무리를 하나하나 행동으로 옮기며 준비하기란 절대로 쉽지만은 않을 것이다. 가을은 올해도 변함없이 우리 곁에 와 있지만, 지나 버린 시간은 결코 되돌릴 수 없다. 해마다 되풀이되는 9월과 10월 무렵이면 17년 전 어머님과 이별했던 그해 가을이 선명하게 떠오른다.

오래된 단독 기와지붕이 전부였던 동네에서 유독 시댁만이 2층 양옥집이었다. 담을 사이에 두고 있던 바로 옆집엔 빛바랜 기와지붕보다 더 높이 자라난 오래된 벚나무 한 그루가 있었다. 이웃집 마당에 있었지만, 해마다 그곳보다도 우리 집에서 보면 더 아름답고 행복한 4월을 만들어 줬다. 그해도 창문 가득 벚꽃으로 넘쳐 나던 그 자리의 푸나무들이 더 짙고 풍성한 푸르름에 가까이 가던 늦은 봄 어느 날 우리 가족에게 그야말로 충격적인 일이 생겨났다.

어머님은 속이 더부룩하고 자주 체하는 것 같아서 그때마다 소화제만 복용하셨다. 몇 개월 사이 몸무게가 급격하게 빠졌다는 걸 알고 나서야 비로소 병원엘 찾아가신 어머님께 꿈에도 생각하지 못했던 위암 선고가 내려졌다. 암이라는 세포를 가지고 온 무서운 불청객은 가족에게 충격과 슬픔을 안겨 주었다. 어머님 친구분들과 가까운 지인들은 아픔과 안타까움으로 저마다 다른 성격의 고통을 분담하였다.

그날 이후, 늘 무뚝뚝하고 냉정하던 아버님의 목소리는 부드럽고 따뜻하게 변했다. 더할 수 없이 다정한 표정으로 어머님과 대화를 나누셨다. 반성과 후회는 가족 모두의 몫이 되어 집 안 곳곳으로 퍼져 나갔다. 친딸 같지는 않겠지만, 나름대로 현실에 충실해지려고 애썼다고 생각하면서도 나는 과연 어머님께 어떤 며느리였는지 가만히 되돌아보았다.

암으로 고통받는 일은 우리와 상관없는 일이라고 여기며 방관만 하고 있던 믿음이 충격과 아픔이 되어 몇 배의 무게로 돌아왔다. 잡을 수 없는 아쉬운 봄날의 시간은 빠르게 흘러만 갔다. 소식을 들은 외삼촌께서 당장 달려왔고, 속상한 마음에 급기야 외할머니께서 암으로 돌아가신 가족력이 있었기 때문에 항상 신경을 썼어야 하는데 다들 뭐 하고 있었느냐고 호통을 치셨다.

어머님은 급하게 서둘러 서울에 있는 대학병원에서 수술을 받으셨다. 그러나 이미 암세포 확산이 너무나 많이 진행된 상태여서 정상적인 수술을 받지 못하셨다. 당신의 병을 그저 위장병으로만 알고 계셨던 어머님께 진실을 숨긴 채 집에서의 투병 생활이 시작되었다. 병원을 다녀오시고 수술을 했으니 괜찮으리라고 생각해서인지 어머님은 한동안 기분도 좋아지셨다. 식사도 조금씩 나아졌지만, 어느 순간부터 보이지 않게 빠른 속도로 병세가 악화하였다.

하루에도 몇 번씩, 곧 괜찮아지실 거라며 기약 없는

희망을 전해 드렸다. 그러면서도 마음속 깊은 곳에선 어머님께 당신의 병을 알려 드려야 하지 않나 하는 생각의 저울에 날마다 흔들렸다. 그러나 막상 당신께서 모든 사실을 알게 되면 충격을 받아 행여 병세가 더 악화할까 봐 우리는 거짓 위로만 되풀이할 수밖에 없었다.

 병간호를 도맡아 하시던 아버님도 날로 수척해지셨다. 이러다 아버님마저 몸져누우실까 봐 늘 조바심이 되었다. 언제나 말없이 그저 지켜볼 뿐인 남편은 순간순간 붉어지는 눈빛을 감추려고 애썼다. 학창 시절 온갖 사건으로 어머님 속을 그토록 애태우던 시동생은 지난날 저지른 불효 때문인지 슬픔 위에 본인을 향한 원망과 후회를 날마다 켜켜로 올려놓았다.

 어머님의 숨소리가 고르지 못한 채 하루하루 불안한 시간을 우리와 함께한 지 오래되었다. 물 한 모금과 아주 작은 알약 몇 개도 넘기기 힘겨운 어머님을 바라보면서도 할 수 있는 일이 아무것도 없어서 무력감만이 점점 깊어질 뿐이었다.

이웃들은 추석을 준비하느라 일손이 바쁜 명절을 눈앞에 둔 날, 깊게 더 깊게 파고드는 암세포를 견디기 힘들어하시던 어머님은 우리 곁을 떠나가셨다. 모두 예상은 하고 있었던 상황임에도, 그날 이후 맏이인 내가 기둥이 되고 우리 부부가 중심이 되어서 해야 할 수많은 일이 놓여 있었기에 걱정과 두려움 속에 새로운 일상이 시작되었다.

형언하기 힘든 고통과 헤어날 수 없는 절망의 바다에서 영원한 안식처로 떠나신 어머님을 보는 동안, 이 세상을 떠나는 마지막 길 장례식 절차와 격식은 어느 의식보다도 힘겹고 어려운 과제로 다가왔다.

고장마다 풍습이 다르고 집안마다 습속이 다른 까닭에 시댁과 어머님 친정인 외가 어른들 사이에선 장례기간 내내 불협의 기운이 감돌았다. 의식을 거행할 때마다 각기 다른 의견을 내세웠던, 순간순간 혼란과 실수가 되풀이되다 보니 말에서부터 움직이는 동작 하나까지 조심스럽게 만들던 힘겨운 시간을 함께하며 어머님을 보내 드렸다.

모든 것은 시간이 해결해 준다고 했던가, 허전함과 슬픔을 앞세우고 탈상이라는 절차까지 지나고 나니 계절은 어느새 깊은 가을로 접어들었다. 집 안 곳곳에 남은 어머님의 손길이 그립고, 허전함과 쓸쓸함이 그득한 아버님의 모습은 견디기 힘든 고독과 외로움으로 번져 왔다. 그 누구도 대신할 수 없는 어머님의 빈자리를 부질없는 원망으로 위로해 보아도 결국 돌아오는 건 서글픔뿐이었다.

  내게로 쏟아지는 눈길이 많아지고 나의 도움으로 지내야 할 가족들 몫까지 무거운 짐을 진 채 어제의 일도 과거가 되어 버린 지금이다. 눈앞에서 사라진 고통으로 호사스러운 나의 육체는 무디어만 가는데 이름 없는 분주함은 여전히 무심히 이어진다. 무엇보다도, 어머님 손길을 잃은 아버님을 어떻게 채워 드려야 할지 돌봐 드릴 앞날이 가장 큰 걱정으로 먼저 다가섰다.

  곁에 있던 가족 그 누구도 아무런 도움이 되지 못한 채 어머님 떠나신 지 어느덧 수년이 흘렀다. 우리 가족은 해마다 명절 때면 충북 음성에 자리하고 있는 공원묘지로 성묘를 하러 간다. 성묘하러 가는 날엔 마치 소풍 같은 나들이가 이어지고, 아무리 잘 갖추어 입어도 늘 쓸쓸함이 묻어나던 아버님 곁엔 지혜롭고 슬기로운 존경스러운 새어머님이 오셨다.

 현명하신 새어머님의 도움으로 아버님은 잊어버린 웃음을 되찾게 되셨고, 강원도 묵호에 두 분만의 보금자리를 마련하셨다. 생신 때나 행사가 있어서 그곳을 다녀올 때마다 우리는 모두 늘 즐겁고 행복하다. 또한, 제삿날과 명절 때가 되면 장남인 남편이 있는 우리 집으로 늘 두 분께서 올라오신다. 지난 명절에도 차례를 지내고 내려가시는 두 분을 역까지 모셔다드리는데 문득 잊고 지내는 시간이 더 많아진, 돌아가신 어머님이 떠올랐다. 어머님의 고통이 시작되던 그해 봄날부터 가을까지의 애처로운 기억들이 집으로 돌아오는 내내 따라왔다.

 아무것도 해 드릴 수 없었던 그때는 우리 모두 너무나 무지했고 아무런 마음의 준비도 없이 어머님을 보내 드렸다는 생각이 그날따라 종일 나를 붙잡고 있었다. 그동안 우리는 어머님을 이렇게 까맣게 잊은 채 모두 변함없이 잘 지내고 있었구나, 하는 서글픈 생각이 잠 못 이루는 늦은 밤까지 씁쓸하게 내 곁에 머물고 있었다.

제2부
시

[4] 선잠 사이로

401 - 12월

너의 모습이
보름달처럼 가득한데

차오르지 않는
마음은
내내
고장 난 주파수가 되다

402 - 가을이 떠난 자리

더 이상 자라지 못해 펼쳐 놓은
힘겨운 벚나무 가지 끝
오래도록 감추어 놓은 뼈마디를
부끄러운 듯 보이며
더 멀리 바라볼 수 있는 자리를 내준다

긴 장마와 무더위에 스치고 지쳐
아팠을 지난여름
지친 잎사귀 뒤
골목 아이들이 올려놓은
진달랫빛이었을 외로운 공 하나

반쯤 빛바랜 모습으로 걸터앉아
지난날을 돌아본다

닿을 수 없어 바라보기만 하던
어린 눈망울도 사라지고
아무도 올려다보지 않을
바람도 비켜 가는 날

함께 있어 줄 이파리 대신
안식처를 서로서로 잇고 있다

낙엽 되어 떠난 여름은
아직 고여 있는 추억을 불러 모아
나뭇잎이 주고 간 빈자리에 앉히고

서성이는 가을이
여름 추억으로 짙어진
노을이 꼬리를 잡는다

403 - 성묫길

파란 물결이
메아리치는
목마른 논에서
키 작은 벼의
함성을 들었다

얕은 산 눈높이 위에
밤꽃이 피어 있고
시작하는 여름은
눈길이 머무는 곳마다
따라왔다

남아 있는 사람들
살아 있는 모습을 보이면서
줄지은
묘지 곁을 지나
다다른 어머님 산소

어머님 손길처럼
반겨 주는 어린 잔디
삶의 마지막 모습을
말 없는 만남으로
잇고 있다

404 - 아버님 간병 일기 1

곧 좋아지실 거라는
변명으로 위장된 위로의 빈말

그조차 말할 수 없는
침묵의 시간이 흐른다

의미 없는 연명치료가
오히려 고통을 동반한다는 의료진도
살아갈 날이
이제 얼마 남지 않았다는 말을
아버님께 차마 전하지 못했다고 한다

조금이라도
드시게 하고 싶은 가족들의 애원에
수박이 먹고 싶다 떠올린 아버님

힘겨운 입맛 찾기에 만난
엄동설한 수박을 재배해 주신 농부에게
깊은 감사 드렸다

수박이 되느라 고생했을 섣달에
차마 붉은빛은 못 되어도
흉내 내며 성장한 연분홍 수박은
아버님의 여린 피부처럼
안간힘을 썼을 테지

베어 문 한 입 삼키지 못해
손사래 거절로
동지섣달 아버님 덕에 수박을 횡재한 송구함에
부끄러움으로 뒤덮인
나무랄 수 없던 슬픔이
수액처럼 방울지어 맺힌다

405 - 아버님 간병 일기 2

차도 없이 병마(病魔)와 동행 중에
당신의 상태를 알고 싶어 하신 아버님

목울대 들썩이며
병원에서 치료가 안 된다고 하네요
목멘 아들이 건넨 그 말끝에

너희들을 힘들게 하지 말아야 할 텐데
우리의 시선을 피하고 흐려진 아버님의 목소리
부족한 자식들 부끄럽게
그 순간에도 우리 걱정만 하신다

물을 넘기는 기력조차 힘겨운
병환 중에서도
자식 걱정이 우선인

오늘도
수액에 몸을 의지한 채
남은 생의 하루를 보낸다

406 - 아버님 간병 일기 3

일주일 후면 아들의 혼삿날이고
중환자실에 계신 아버님
한 모금 물도 못 넘기신다는 전달을 받은 날

혼사를 앞둔 집에서 상을 당했었다는
지인의 후일담이 궁금했다

이미 예정대로 약속된 혼사는 진행되고
남은 가족은 장례를 준비했다고 한다

그래서는 안 된다
결코
그런 일은 없어야 한다

모두의 간절함은 침묵으로 이어지고
아무도 표시 내지 못하고 말할 수도 없는
짧고도 긴 하루하루를 보낸 나날

근심이 한 두름 엮이는 밤
눈물 젖은 베게 밑은
내 맘처럼 구겨져 말라 있다

407 - 아버님 간병 일기 4

그토록 애타게 기다리던
손주 혼삿날이 되었다

동해에 살고 계신 아버님
동해 병원에서 이른 퇴원을 하시고
서울로 손주 결혼식에 오셨다

손주의 결혼식만 기다리시던 아버님의
밝은 미소는
병마를 다 이겨 낸 웃음이다

결혼식을 마치고 그 길로
큰아들네가 사는 곳
아버님 젊은 날 지냈던 지금의 그 지역
마지막 머물게 될
호스피스 병동에
입원하셨다

가족들도 아버님도
준비하고 있는 마음을 숨긴 채
그 후로
생사를 넘나든 10여 일을 보냈다

몰디브로 간 긴 신혼여행에서
손주가 돌아온 날
다시 한번 손주 얼굴 더 보시고
그다음 날
아름다운 이별로
우리 곁을 떠나셨다

408 - 노점상 할머니

외치던 소리도
고리를 늘어트리고
긴 그림자 만드는
저녁나절

한숨처럼 쌓여 있는
열무 다발 시든 상추 옆에서
지친 할머니의
무거운 눈꺼풀이 쉬고 있다

옷소매 구석구석
숨어 버린 땀 내음이
두둑해진 주머니 곁으로
살며시 다가서고

굵은 주름 사이로 빠지던
세월은
오늘도 시장 모퉁이를
맴돌고 있다

409 - 선잠 사이로

모든 것이 멈추어 버린 그러나
멈춘 것은 없다

가을 뒤에 섰던 겨울이 소리 없이 밀려오고
영원할 것 같던 국화 향기도
된서리에 혼난 11월
더 긴 겨울밤
헤매야 하는 깨진 잠 사이로
꾸역꾸역 쏟아지는 삶의 허물들
시계 초침 소리는
징 소리 울리며 돌아가고
벌어진 잠 사이로 빠져나가는 생각들이
비켜서질 않고 있다

세차게 흔들리는
헐거워진 나무창은
기온만 떨어뜨리고
구급차 소리가

갑자기 정적 속을 흔들어 대자
쉬고 있던 세포 하나가
허둥대며 뒤따라간다

종합병원 중환자실
그저 바라보기엔 깊은 잠 속
뇌사의 진단 속에 나를 맞이하던
봄이 말라빠진 오월 말
친정어머니의
마지막 이승 모습이
잊어버린 잠 사이로
겹치는 모습들 속에
보고 싶은 얼굴을 자꾸 끄집어내고 있었다

410 - 암(癌)

선(線)도 아닌
점(點)
처음엔 그랬다
출발선에 서서
소리 없는 걸음마를 시작했다

오랜 시간 길어질
만나는 거리의 볼거리를 살피며
서서히 살찐 동그라미 만들어 나갔다

목적지도 없는
먼 여행은 시작되고
낯선 곳을 살피다 멈춘 곳
살며시 자리 잡아 본다
위(胃) 언저리

아무도 그를 밀어내지 못한
빈자리에서
화려하게 머물다 다시
간(肝)에 다가가 그의 마음을 빼앗는다

그때 낯선 침입자를
찾는 수사(搜査)가 시작되고
드디어
잔치가 시작된 그를 발견한다

그는 뉘우침도 없고
도피하지도 않은 채
자백을 거부하며 끝없이 대항하고 있었다

어느덧
유력한 단서에 증거물 압수를 서둘렀지만
소리 없는 침입자는
끝내
백기를 들게 했다

[5] 감정의 이정표

501 - 오후

낡은 기왓장에 늘어선
지친 햇살
나무 그늘 넓이를 더해 주고

자유로움과
넉넉함이 펼쳐진 거리에
무료함이 수놓인다

그 사이
수다스러움 한 다발
전화기에 쏟아붓고

무거운 눈꺼풀은
어느새 쉼터에 가 있다

502 - 지금 우리 이웃엔

조간신문 귀퉁이
심장병 어린이 후원 이야기가
남의 일인 듯 무심코 스친 날

한낮 시내 번화가 사거리 옆
대형 쇼핑센터 간이 무대에서
심장병 어린이를 위한 자선 공연을 보았다

그 길을 지나며 주머니에
숨어 있던 부끄러운 마음을 꺼냈다

집으로 돌아오는 길에
암에 걸려 거동할 수 없다고 소문만 듣던
이웃 어른을 골목에서 만났다

그 어른은 본인의 상황을 알고 있을까
나름의 추측과 짐작의 시선을 뚫고
아내의 어깨에 기댄 그늘진 그림자도
편견에서 만든 기우일지 모른다

회갑을 병원에서 맞이했던 어머님
위암으로 가족과 이별해야 한다는 사실을
임종의 그날까지 전하지 못했던 감춰진 마음이
옳은 판단이었을까

늘 되묻는 도돌이표 자책도
저마다 삶의 과정에
정해진 정답은 없는 것이라고
지난겨울 친정아버지 기일에
고향 공소 성당에서 만난
김 노인의 말로 위로받으며

암과의 싸움에서 건져낸 자신의 시간은
언제일지 모를 그날을 정리하는 중이라고
덤으로 주어진 하루에
소중함을 담아라

503 - 감정의 이정표

안간힘으로 버티던 벚꽃 잎이
익숙한 이별로
더 익숙한 아쉬움을 만든다

그 자리
여름을 이끌고
장미로 피어나고

아쉬움을 기억하는 추억은
짙은 그리움의 숲이 되었다

한낮 비집고 다가선 틈 사이로
시름조차 다가서지 못하게

나침판이 정해 주는 감정의 이정표는
다시 도돌이표
평화가 되었다

504 - 꿈에서 깨어나

마지막 배를 놓친
외딴섬
시리도록 따라가던
멀어지던 뒷모습
퍼지는 파도 속에 눈뜬
새벽녘
서성이는 마음을 앞세우고
거리에 섰다

빈틈없이 구름을 이고 있는
낮은 하늘
습기 가득한 새벽 내음을 바르며
아침 미사를 마친 백합 같던
젖빛 사제복의 신부는
꿈속
마지막 배가 돌아온 것처럼
희망의 빛으로
다가왔다

돌아서면 바로
실금이 난
도로가 이어지고
시작되는 굽어진 모퉁이 뒤
낯선 건물들이
가득 고여 있던
하룻밤 꿈 긴 여행 따라
그리움 짙어지고
수놓이는
엷은 살색의 기억이
끊임없이
그 섬을 더듬고 있다

505 - 무지개

한낮 땡볕을 가르고
한바탕 소낙비가 내리면
금세 갠 하늘에
무지개가 피어난다

가까이 솟아오른 무지개는
팔을 뻗으면 손에 잡힐 것만 같아서
무지개 잡으러 뛰어가던 유년 시절이 있었다

종종 잰걸음으로 다가가면
그만큼
멀리 달아난 무지개를 잡으러 뛰어가던 길옆에는
애써 외면하며 걸어도
나를 붙잡는 듯한 상엿집을 만나게 되고

무서워 돌아보지 못하던 무거워진
뒷짐이 지금도 서늘하다

506 - 봄이 오는 길

아직도
짙은 겨울의 흔적은
이별과 만남으로 스쳐 간다

오랜
망설임 그 끝에선
무늬를 넣은 바람이 향기로 빚어낸
그대 머물 자리 마련하고

게으른 더듬이가 펼쳐 놓은
바쁜 시동 소리는

목적지로 다가서는
계절을 채집하던 마음이
숨 가쁘게 더 막히던 날

긴 가슴앓이 되새김 끝으로
이제야
그대가 온다

507 - 세월을 느끼며

며칠을 참고 벼르다가
밤새 길게 이어진 고통과 근심에 집을 나선다

이른 시간 정형외과 대기실엔
낯선 이들의 무거운 표정도
오래도록 참고 벼르다 나섰을 모습이다

지난밤 나와 닮은
불면의 밤을 고통의 시간으로 보냈을 것이다

담당의가 묻는 말에
고백성사 하듯 불편을 호소하고
염려하고 짐작했던 퇴행성관절염과의 동행을
죄 사함을 받듯 전해 듣는다

괜찮아, 위로하며 병원을 따라나선
분홍과 초록의 약봉지 한 다발에
깊은 우울함이 밀려드는
서글픈 시간이다

이미 오래전
분수처럼 솟아나던
흰머리가 익숙한 지 오래여도
아직 빠른 노화의 변화는 여전히 낯설다

온종일 달래어지지 않던 무거운 마음과
거부하고 싶도록 밀려오던 쓸쓸한 허기
9월 하순의 저녁노을이
깊고 긴 위로를 보내온다

508 - 시들지 않는 마음

그대의 안부가 떠오르는 날은
비가 내리는 날이지요

그대가 보고파 미소가 머무는 날에도
햇살은 눈이 시리도록 좋았어요

계절이 지날 때도
또 새로운 계절을 만날 때도
그대가 무탈하게 지내길 기도한답니다

꽃이 지고 또 꽃이 피어나는 나날을
기쁨 안에서 지내리라 믿으며

보이지 않아도
언제나 시들지 않는 마음
제자리에 있어요

509 - 유년의 조각 기억

추수가 끝나고
가을이 더 깊어지던 날
초저녁 긴 그림자
앞마당에 내려앉을 때

가마솥 시루에 쪄 낸 술밥이
잘 익은 고두밥 되어
멍석에 하얗게 펼쳐졌었지

한 김 날아간 고두밥을
잘게 부순 누룩과 섞어
동동주를 만들던
정물화 같은 엄마의 모습도

사랑방 부엌 귀퉁이 자리
삼베 보자기를 뒤집어쓴
동동주 항아리도

점잖게 놓인 자리에서
익어 가던 술 냄새의 기억과
꼭꼭 눌러 한 줌 쥐여 주던
엄마의 고두밥이

아직도 유년의 한 조각 기억으로 고여
그리움이 켜켜로 쌓이는 날

510 - 재회

기억의 숲에서
색 바랜 이야기가
무리 지어 튀어나온다

바라볼수록 낯익은 모습
숨어 있는 시간의 자리로
파도처럼 따라간다

나이를 잊으며
지나 버린 시간은 꺼내어지고
눈가에 주름을 불러낸
세월은
저만치 물러서 있다

오래된 바람이
멈추지 못하고
추억 속 기억을 흔들어 댄다

그곳
색 바랜 기억의 숲
낯익은 오솔길 그늘 여유로움에
펼치며 수놓이는
마중 나간 시간의 도돌이표

그대로
그렇게 멈춘 나이로
시간은 삼켜지고
스며드는
눈가엔 세월이 달려 있다